PUBLICATION DE LA RÉUNION DES OFFICIERS

LA
LOI MILITAIRE

EXPOSÉ SUCCINCT ET PRATIQUE

DE LA

NOUVELLE ORGANISATION MILITAIRE DE LA FRANCE

PAR A. VEXIAU

CAPITAINE AU 82ᵉ RÉGIMENT D'INFANTERIE DE LIGNE

LICENCIÉ EN DROIT, OFFICIER D'ACADÉMIE ;

ANCIEN PROFESSEUR-ADJOINT A L'ÉCOLE SPÉCIALE MILITAIRE DE SAINT-CYR

Recrutement en France et en Algérie.
Organisation de l'armée active et de l'armée territoriale.
Régions et subdivisions militaires.
Obligations des réservistes et des hommes de l'armée territoriale
dans leurs foyers et sous les drapeaux.
Réquisitions militaires.

PARIS

LIBRAIRIE MILITAIRE BERGER-LEVRAULT ET Cⁱᵉ

Éditeurs de l'Annuaire de l'Armée française

5, RUE DES BEAUX-ARTS, 5

1879

LA LOI MILITAIRE

PUBLICATION DE LA RÉUNION DES OFFICIERS

LA
LOI MILITAIRE

EXPOSÉ SUCCINCT ET PRATIQUE

DE LA

NOUVELLE ORGANISATION MILITAIRE DE LA FRANCE

PAR A. VEXIAU

CAPITAINE AU 82ᵉ RÉGIMENT D'INFANTERIE DE LIGNE
LICENCIÉ EN DROIT, OFFICIER D'ACADÉMIE ;
ANCIEN PROFESSEUR-ADJOINT A L'ÉCOLE SPÉCIALE MILITAIRE DE SAINT-CYR

Recrutement en France et en Algérie.
Organisation de l'armée active et de l'armée territoriale.
Régions et subdivisions militaires.
Obligations des réservistes et des hommes de l'armée territoriale
dans leurs foyers et sous les drapeaux.
Réquisitions militaires.

PARIS

LIBRAIRIE MILITAIRE BERGER-LEVRAULT ET Cⁱᵉ

Éditeurs de l'Annuaire de l'Armée française

5, RUE DES BEAUX-ARTS, 5

1879

AVERTISSEMENT

Les désastres de la guerre de 1870-1871 ont imposé à la France l'obligation de transformer complétement toute son organisation militaire. Cette patriotique réforme, entreprise dès 1871 par l'Assemblée nationale, est aujourd'hui un fait accompli dans ses bases essentielles. La France a maintenant une ARMÉE NOUVELLE, dans laquelle tous ses enfants viennent puiser l'esprit de discipline et l'instruction militaire indispensables pour leur permettre de contribuer utilement à la défense de la patrie au jour du danger. Pendant vingt années consécutives tout Français, qu'il soit sous les drapeaux, qu'il soit dans ses foyers, doit remplir des *obligations militaires personnelles ;* en outre, toute la population est astreinte à des obligations matérielles relatives aux *réquisitions militaires.* La LOI MILITAIRE, qui ne s'appliquait autrefois qu'à une faible partie de la population, est ainsi devenue la loi commune ; c'est l'application la plus complète du grand principe de l'égalité de tous les citoyens devant la loi.

Ce petit livre a pour but de répandre la connaissance de notre nouvelle organisation militaire. Ce n'est ni un commentaire, ni un recueil juridique, c'est simplement un exposé succinct et pratique des principaux textes législatifs et réglementaires relatifs à cette organisation, textes très-nombreux et au milieu

*

desquels les recherches sont souvent longues et difficiles. L'auteur y a reproduit les parties les plus importantes des **Conférences** qu'il a faites en 1876, 1877 et
1878, à la **Réunion des officiers,** à MM. les officiers de la réserve et de l'armée territoriale.

L'ouvrage est divisé en deux parties : la première
comprend l'ORGANISATION DE L'ARMÉE étudiée au point
de vue de l'intérêt général du pays ; la seconde se
rapporte aux OBLIGATIONS MILITAIRES envisagées principalement au point de vue des intérêts particuliers.
Chacune d'elles est subdivisée en *chapitres, paragraphes* et *alinéas numérotés,* de manière à faciliter
toutes les recherches à l'aide de nombreux *renvois,*
de *caractères italiques* et d'une *table alphabétique et
analytique* très-détaillée qui permet au lecteur de
retrouver très-facilement tout ce qui a rapport à un
même sujet. Enfin de nombreuses *définitions* expliquent
le sens exact de tous les termes législatifs ou réglementaires.

L'auteur désire que cet ouvrage, destiné à tous ceux
qui vivent ou doivent vivre de la VIE MILITAIRE, aussi
bien dans l'armée active que dans la réserve et l'armée
territoriale, puisse leur être utile en leur facilitant
l'étude des devoirs qui leur sont imposés et des droits
qui leur sont accordés, dans le but d'assurer la sécurité et de défendre l'honneur et les intérêts du pays.

15 décembre 1878.

TABLE DES MATIÈRES

DEUXIÈME PARTIE. — Obligations militaires.

CHANGEMENTS

Page 3, N° 7. *Ajouter* : V. N° 85.

Page 19, N° 61. *Ajouter* : 5° Contracter l'engagement pendant l'une des deux périodes suivantes :

1° Du 1er au 31 mars inclus;

2° Du 1er octobre au 30 novembre inclus;

Le Ministre de la guerre fait connaître en temps utile, pour chacune de ces deux époques, les corps pour lesquels les engagements sont autorisés et la quantité d'engagements volontaires à admettre dans chacun d'eux. (Décret du 28 juin 1878.)

Cependant les enfants de troupe qui atteignent l'âge de 18 ans peuvent s'engager en dehors des deux périodes ci-dessus. (Décret du 8 septembre 1878.)

Les engagements dans l'armée de mer sont reçus à toute époque de l'année. (Note ministérielle du 9 septembre 1878.)

Page 15, N° 41, et *page* 24, N° 79. *Ajouter* : Cette classe, dite *classe de mobilisation*, est celle qui a tiré au sort l'année de leur engagement. (Décision ministérielle du 20 août 1878.)

Page 20, N° 63. *Rectifier ainsi :* Les jeunes gens ne peuvent s'engager dans un corps stationné dans la subdivision de région où ils ont leur domicile légal. Ceux qui sont domiciliés dans les départements de Seine ou Seine-et-Oise ne peuvent pas s'engager dans un corps en garnison dans le gouvernement militaire de Paris, et ceux qui sont domiciliés dans le département du Rhône ne peuvent s'engager dans un corps en garnison dans le gouvernement militaire de Lyon. (Décision ministérielle du 16 septembre 1878.)

Page 26, N° 85. *Ajouter :* Ce projet de loi a été adopté et la *loi sur le rengagement des sous-officiers* a été promulguée le 22 juin 1878.

D'après cette loi nul sous-officier ne peut être admis à se rengager que sur l'avis conforme d'un conseil de régiment composé d'officiers du corps.

Ce conseil donne aussi son avis lorsqu'il y a lieu de casser un sous-officier rengagé.

Le premier rengagement de cinq ans donne droit :

1° A une première mise d'entretien de 600 francs payable immédiatement après la signature de l'acte de rengagement ;

2° A une indemnité de rengagement de 2,000 francs, payable à la libération du service militaire. L'intérêt de ces 2000 francs à 5 p. 100, soit 100 fr. par an, est payé par l'État à la fin de chaque trimestre au sous-officier rengagé. Le sous-officier rengagé qui est nommé officier, ou qui passe dans la gendarmerie, ou qui est nommé à l'un des emplois militaires prévus par les lois et règlements, reçoit sur l'indemnité de 2,000 francs une part proportionnelle au temps de service qu'il a accompli depuis le jour où compte son rengagement effectif ;

3° A une haute-paye journalière d'ancienneté de 0ᶠ,30.

Le *deuxième rengagement de cinq ans* donne droit en outre des 2,000 francs déjà acquis :

1° A une deuxième mise d'entretien de 500 francs payable immédiatement après la signature de l'acte de rengagement;

2° A une haute-paye journalière d'ancienneté de 0ᶠ,50;

3° A une pension de retraite de 365 francs pour les sergents et maréchaux des logis, de 395 francs pour les sergents-majors et maréchaux des logis chefs, et de 455 francs pour les adjudants. Cette pension est augmentée, pour chaque campagne et pour chaque année en plus de 15 ans de service, de $^1/_{25}$ de la pension du grade acquise à 25 ans de service.

La pension se cumule avec les traitements afférents aux emplois civils et militaires qu'ils peuvent obtenir en vertu de la loi du 24 juillet 1873.

Les sous-officiers rengagés ne peuvent pas rester dans l'armée active au delà de l'âge de 35 ans ; ils sont alors retraités, mais ils doivent servir dans l'armée territoriale jusqu'à l'âge de 40 ans.

Page 44, Nᵒ 132. *Supprimer* le § 3°. (Décision ministérielle du 29 juin 1878.)

Pages 46,47, Nᵒˢ 136, 142, 147. *Lire :* le 1ᵉʳ juillet, *au lieu de* le 30 juin. (Décision ministérielle du 20 août 1878.)

Page 68, Nᵒ 232. *Ajouter :* Les *anciens volontaires d'un an* qui ont été nommés à l'un des grades de *sous-officier, caporal* ou *brigadier,* et ceux qui ont obtenu la note *très-bien* à la fin de leur volontariat, sont admis, au moment où ils passent dans la réserve, à concourir pour le grade *d'officier de réserve,* dans les conditions de l'article 39

§ 8 de la loi du 13 mars 1875. Le programme des examens a été inséré au *Journal officiel* du 17 janvier 1878. (Décisions ministérielles des 5 et 29 mars et 19 octobre 1878).

Page 106, N° 272, *a,* dernière ligne. *Lire :* Les réservistes de la cavalerie, de l'artillerie, du train de l'artillerie, etc., etc. (Décision ministérielle de novembre 1878).

Page 129, N° 330. 1° *ajouter :* Les fonctions ou emplois civils qui peuvent faire placer *hors cadres* les officiers de réserve ou de l'armée territoriale qui en sont revêtus sont :

1° Les *fonctions diplomatiques ou consulaires* (ambassadeurs, ministres plénipotentiaires, secrétaires d'ambassade, attachés d'ambassade, consuls généraux, consuls, élèves-consuls, vice-consuls rétribués, chanceliers, drogmans, interprètes et commis de chancellerie) ;

2° Les *fonctions administratives spéciales* (préfets, sous-préfets, conseillers de préfecture, secrétaires généraux);

3° Les emplois d'*officiers du génie attachés,* soit *au service de la marine,* soit *à celui des différentes compagnies de chemins de fer.* (Décret du 21 octobre 1878.)

LA LOI MILITAIRE

PREMIÈRE PARTIE

CHAPITRE Iᵉʳ

RECRUTEMENT DE L'ARMÉE.

§ 1. Dispositions générales.

Armée. — I. L'*armée* est une réunion d'hommes créée, organisée, instruite et entretenue par un État pour le défendre avant tout contre les attaques de l'étranger et pour assurer au besoin à l'intérieur le maintien de l'ordre et l'exécution des lois.

2. L'effectif de l'armée française est, en temps de paix, d'environ 450,000 hommes ; elle comprend, en outre, 120,000 chevaux et un matériel immense. En temps de guerre l'effectif est porté à plus de 2,000,000 d'hommes ; le nombre de chevaux est considérablement augmenté ainsi que le matériel.

Principe fondamental du recrutement. — 3. La base fondamentale de toute organisation militaire, c'est le *mode de recrutement* de l'armée, c'est-à-dire l'ensemble des principes sur lesquels repose la création de l'armée et des moyens employés pour désigner et réunir les hommes qui doivent en faire partie, de manière à maintenir constamment son effectif au chiffre jugé nécessaire pour la défense ou la sécurité du pays.

4. Le recrutement en France est régi par la loi du 27 juillet 1872, qui repose sur le principe fondamental suivant :

Tout Français qui n'est pas déclaré moralement indigne ou reconnu physiquement incapable de défendre la patrie, est soumis au service militaire gratuit, obligatoire et personnel pendant vingt ans, en général de **21** à **41** ans. (N°s 9 à 11.)

5. Le *service militaire,* c'est tout à la fois un *honneur,* un *devoir* et un *droit* pour chaque citoyen français. En effet, les étrangers n'y sont *pas admis;* les Français qui ont été frappés de graves condamnations judiciaires en sont *exclus;* ceux qui y sont impropres par suite d'infirmités en sont *exemptés;* tous les Français qui n'en sont ni exclus, ni exemptés y sont *appelés;* enfin ceux qui remplissent les conditions fixées par la loi et les règlements peuvent s'y soumettre volontairement, soit avant, soit après l'époque fixée pour les appelés, en contractant un engagement ou un rengagement : ce sont les *engagés* et les *rengagés.*

6. On entre donc dans l'armée soit comme appelé, soit comme engagé; on y reste ou on y revient comme rengagé.

L'appel est la règle générale, l'*engagement* et le *rengagement* sont des exceptions, mais elles s'appliquent à un très-grand nombre de militaires. (N°s 57 à 85.)

Gratuité du service militaire. — 7. Le service mi-

litaire étant un honneur, un devoir et un droit, ne peut
pas être mercenaire; il ne peut être que gratuit, en ce sens
qu'*il n'est accordé ni prime en argent, ni prix quelconque
lors de l'entrée au service* par appel ou par engagement.
Pendant qu'ils sont sous les drapeaux, les militaires reçoivent évidemment des allocations en deniers et en nature pour la satisfaction de tous leurs besoins matériels.
Le principe de la gratuité n'empêche point encore que
les rengagés ne reçoivent des allocations supplémentaires;
ainsi ils ont toujours eu une *haute-paye d'ancienneté* et,
de 1855 à 1868, ils recevaient en outre une *prime de rengagement.*

Interdiction du vote politique. — 8. La loi a sage-
ment soustrait l'armée à la politique, dans l'intérêt de la
discipline, en interdisant tout vote politique aux militaires de tous grades et assimilés pendant qu'ils sont présents à leur corps ou à leur poste.

L'armée, en effet, appartient au pays tout entier; il faut
la laisser entièrement à sa pure et belle mission, qui est
de s'instruire et de se perfectionner dans l'art militaire,
pour pouvoir défendre la patrie au jour du danger. Lui
donner un rôle politique, ce serait la rapetisser à la taille
des partis.

§ 2. Composition générale de l'armée.

Divisions de l'armée. — 9. Au point de vue du recrutement, *l'armée* se divise en deux grandes fractions :

1° *L'armée active permanente*, dans laquelle on reste
cinq ans en principe; mais ce temps, qui n'est pas le même
pour tous les appelés, peut être réduit à un an et même
à six mois;

2° Les *réserves,* dans lesquelles on achève les vingt ans de service.

10. On comprend sous le nom général de *réserves :*

1° *La disponibilité de l'armée active*; on y reste quatre ans et demi au plus ; ceux qui font cinq ans d'activité n'entrent pas dans la disponibilité et passent de suite dans la catégorie suivante ; la règle est qu'il faut que tout Français qui n'est ni exclus ni exempté, passe les cinq premières des vingt années de service militaire, soit dans l'armée active, soit dans la disponibilité, soit enfin dans une catégorie spéciale, celle des *hommes à la disposition de l'autorité militaire* (Nᵒˢ 125, 132) :

2° *La réserve de l'armée active*; on y reste quatre ans ;

3° *L'armée territoriale*; on y reste cinq ans ; cependant les hommes libérés qui sont pères de quatre enfants vivants, passent de suite dans l'armée territoriale et y achèvent les quatorze premières années de service ;

4° *La réserve de l'armée territoriale*; on y reste six ans ; cependant les hommes qui sortent de l'armée de mer ne passent pas par l'armée territoriale ; à l'expiration de leur quatrième année de réserve de l'armée active, ils sont versés de suite dans la réserve de l'armée territoriale et ils y comptent pendant onze ans, c'est-à-dire jusqu'à la fin de leurs vingt années de service.

11. Au point de vue de l'organisation générale, l'armée se divise encore en :

1° *Armée de campagne,* comprenant tous les hommes qui, n'ayant pas accompli les neuf premières années de service, sont en activité, en disponibilité, à la disposition de l'autorité militaire, ou dans la réserve ;

2° *Armée auxiliaire,* comprenant tous les hommes qui ont plus de neuf ans et moins de vingt ans de service, c'est-à-dire les hommes composant l'armée territoriale et sa réserve. (N° 101.)

Service dans l'armée active. — 12. Nous avons dit que le temps passé dans l'armée active, c'est-à-dire dans les corps de troupe de toutes armes, infanterie, cavalerie, artillerie, etc., varie de cinq ans à six mois; pendant ce temps, les hommes sont constamment *présents sous les drapeaux*. Le législateur de 1872, en établissant le *service militaire gratuit*, *obligatoire* et *personnel*, n'a pas cru pouvoir le rendre *égalitaire*, sans nuire à des intérêts généraux et à des intérêts privés respectables.

Il a considéré que *l'armée est une grande école* où chaque citoyen doit venir puiser l'instruction militaire pratique qui lui est indispensable pour pouvoir défendre utilement son pays. Il a admis que les uns pouvaient acquérir cette instruction en moins de temps que les autres, et, d'un autre côté, comme les ressources financières du pays ne permettent pas de conserver sous les drapeaux tous les jeunes gens valides pendant quatre ou cinq ans (temps jugé nécessaire pour la bonne constitution des cadres de sous-officiers), il a été amené à diviser les appelés en deux grandes catégories, les uns faisant cinq ans d'activité, les autres ne faisant qu'un an ou même six mois. C'est le sort qui désigne la catégorie dans laquelle sont classés les appelés. (N°⁵ 25, 49.)

13. On avait proposé *trois années d'activité* pour tous les appelés indistinctement, mais cette proposition n'assurait pas un bon recrutement des cadres; elle avait en outre le grave inconvénient d'augmenter de beaucoup les dépenses en donnant à l'armée un effectif moyen en temps de paix beaucoup plus élevé que dans le système adopté; elle a donc été rejetée en 1872, mais elle a été renouvelée devant la Chambre des députés en 1876 et à la fin de 1877. Quoi qu'il en arrive, il est impossible de diminuer le temps d'activité actuel avant d'avoir assuré, par un ensemble de mesures réellement efficaces, la bonne constitution et l'instruction de nos cadres de sous-officiers.

Service dans les réserves. — 14. Après leur temps d'activité, les hommes passent successivement dans les diverses réserves, à moins qu'ils ne contractent un rengagement. Tous les réservistes, quelle que soit la catégorie à laquelle ils appartiennent, *restent dans leurs foyers*. Ils comptent cependant dans un corps de troupe, soit de l'armée active, soit de l'armée territoriale, et ils sont appelés au service actif lors d'une mobilisation, ou encore pour des manœuvres, exercices ou appels fixés par la loi et les règlements. Ils sont soumis aussi à certaines obligations. (Nᵒˢ 56; 87, 2ᵒ; 147.)

Services auxiliaires. — 15. En dehors du service armé que font les militaires combattants de l'activité et des réserves, il y a dans l'armée des services administratifs dont font partie des militaires qui, en général, ne sont pas appelés au rôle de combattants. Parmi ces services, il y en a huit qui sont désignés sous le nom de *services auxiliaires* et dans lesquels sont classés les appelés qui, impropres par suite d'infirmités à un service de combattants, peuvent cependant être utilement employés dans ces services auxiliaires; ils y comptent pendant vingt ans, comme les autres dans le service armé. (Nᵒˢ 46, 229.)

Exceptions au principe fondamental. — 16. En dehors des inégalités dans la durée du service actif, la loi a établi certaines exceptions au principe du service obligatoire et personnel.

Ce sont d'abord les *non-admissions*, les *exclusions*, les *exemptions* dont nous avons déjà parlé (N° 5); puis trois catégories de *dispenses* du service d'activité ; la *substitution* entre frères, la *permutation* entre l'armée de terre et l'armée de mer, l'*ajournement*, le *sursis* d'appel et le *volontariat d'un an*. Ces diverses exceptions ne détruisent pas le principe fondamental; ce sont des tempéraments à ce que ce principe aurait eu de trop absolu au point de vue de certains intérêts généraux du pays et même de certains intérêts privés, que le législateur a cru devoir respecter, mais pour le temps de paix seulement; nous le verrons du reste plus loin pour chacune d'elles. (N°s 31 à 54.) Les dispensés, les ajournés, les hommes qui obtiennent un sursis d'appel et ceux affectés aux services auxiliaires, forment la catégorie des *hommes à la disposition de l'autorité militaire*. (N°s 10, 132.)

§ 3. Des appels.

Opérations préliminaires. — 17. L'*appel* est un acte administratif par lequel le ministre de la guerre pourvoit au maintien de l'effectif légal dans l'armée active, en exigeant le service militaire de tous les jeunes gens qui ont atteint l'âge fixé par la loi.

18. L'appel se fait chaque année par *classe de recrutement*. Une classe c'est l'ensemble de tous les jeunes gens qui ont eu vingt ans accomplis entre le 1er janvier et le 31 décembre d'une même année; le millésime de cette année sert à désigner la classe.

19. L'*époque de l'appel* est généralement fixée vers la fin de l'année qui suit celle où l'on a eu vingt ans accomplis, et les vingt années de service militaire commencent

le 1er juillet de cette année suivante; ainsi la classe de 1877, c'est-à-dire née en 1857, commencera son service le 1er juillet 1878; elle sera probablement appelée sous les drapeaux en novembre ou décembre 1878 et ne finira son service qu'en 1898. (Voir le tableau de la page 33.)

20. L'appel est précédé d'une série d'*opérations préliminaires* qui sont surtout confiées aux autorités civiles administratives; ce sont la publication des tableaux de recensement, le tirage au sort et la révision.

Tableaux de recensement. — **21.** Tous les ans, dans la première quinzaine de janvier, le maire de chaque commune fait publier et afficher le *tableau de recensement* de la classe de l'année précédente. Ce tableau contient les noms de tous les jeunes Français domiciliés dans la commune qui appartiennent à cette classe et les noms de ceux qui auraient été *omis* sur les tableaux des années précédentes. Tous ces jeunes gens sont compris sous la dénomination d'*inscrits* sur les tableaux de recensement.

22. Le *domicile* est la demeure qu'une personne est censée avoir aux yeux de la loi, pour l'exercice et l'application de ses droits civils et politiques.

D'après le Code civil, le domicile est *au lieu,* c'est-à-dire dans la commune où l'on a son principal établissement.

Le domicile de toute personne mineure, comme le sont les inscrits, est chez son père, sa mère ou son tuteur. Le domicile d'un militaire, c'est sa caserne, son camp, son cantonnement.

23. La *résidence,* qu'il ne faut pas confondre avec le domicile, est la demeure que l'on occupe momentanément en dehors de son domicile légal.

N. B. — Les changements de domicile et de résidence des hommes appartenant à l'une quelconque des réserves sont soumis à des déclarations très-importantes. (N°s 56 ; 86, 2°.)

Tirage au sort. — 24. En février ou mars, le sous-préfet se rend dans chaque chef-lieu de canton pour y examiner et y rectifier, s'il y a lieu, les tableaux de recensement de toutes les communes du canton. Le même jour, il fait procéder en sa présence à un *tirage au sort* entre tous les jeunes gens inscrits sur ces tableaux. Il fait établir la *liste de tirage* nominativement et par ordre de numéros, à mesure que chaque jeune homme a tiré son numéro. Cette liste est lue, arrêtée, signée, puis affichée et publiée.

25. Le tirage au sort a pour but de désigner les appelés qui devront faire cinq années d'activité, et ceux qui ne feront qu'un an ou même six mois. Les premiers sont ceux qui ont eu les numéros les plus faibles ; ils forment la *première portion du contingent*, et parmi eux les plus bas numéros font leur service dans l'armée de mer (de même que ceux qui auraient été *omis* par fraude, sur les tableaux de recensement des années précédentes), les autres forment la *deuxième portion du contingent*. (N° 49.)

Révision. — 26. Du mois d'avril au mois de juin, un *conseil de révision* par département désigne définitivement, dans chaque canton, les jeunes gens qui seront appelés au service militaire et dans quelle catégorie, en se conformant aux règles particulières à chacune des exceptions au principe fondamental du service obligatoire et personnel. (N° 16.)

27. Ce *conseil* se compose de cinq membres : le pré-

fet, un conseiller de préfecture, un conseiller général, un conseiller d'arrondissement et un officier général ou supérieur.

Cinq autres fonctionnaires assistent à ses séances, qui sont publiques, ce sont : le sous-préfet, le maire, un sous-intendant militaire, un médecin et le commandant du bureau de recrutement. (N° 119.)

28. Le *conseil* de révision vérifie toutes les opérations préliminaires, reçoit les réclamations et juge souverainement (sauf les cas très-exceptionnels d'incompétence, d'excès de pouvoir et de violation de la loi) les divers cas de radiations et de dispenses, après examen des jeunes gens et vérification des pièces justificatives. Il établit ainsi la *liste du recrutement cantonal,* qui est divisée en cinq parties, selon les catégories auxquelles appartiennent les jeunes gens susceptibles d'être appelés.

Radiations.— **29.** Le conseil de révision raye de la liste :

1° Les *étrangers* qui, par erreur, auraient pris part au tirage au sort ;

2° Ceux qui sont dans l'un des cas d'*indignité;*

3° Ceux que leurs *infirmités* rendent impropres à tout service actif ou auxiliaire dans l'armée, c'est-à-dire les *exemptés.*

30. Les *radiations* sont définitives; ceux qui en ont été l'objet ne doivent aucune espèce de service militaire, ni pour le présent, ni pour l'avenir. (Nos 4, 5.)

Dispenses. — **31.** Le conseil de révision prononce les diverses dispenses qui sont: les dispenses d'activité, les dispenses à titre conditionnel et les dispenses à titre provisoire.

A. **Dispenses d'activité en temps de paix. —** **32.** Ces dispenses sont accordées en temps de paix seulement et pour diverses raisons de famille dignes d'intérêt; les jeunes gens auxquels elles s'appliquent sont tous appelés en temps de guerre, et à cet effet le conseil les porte sur la 2ᵉ partie de la liste de recrutement cantonal. (Nᵒ 28.)

33. La *dispense d'activité* s'applique à deux grandes catégories de jeunes gens, les chefs de famille et les frères de militaires.

34. Ceux qui, se trouvant en quelque sorte *chefs de famille*, dans les conditions spécialement prévues par la loi, ont droit à la dispense sont :

1º L'aîné d'orphelins de père et de mère ;

2º Le fils unique ou l'aîné des fils, ou (à défaut de fils ou de gendre non veuf, ou de gendre veuf avec enfant) le petit-fils unique ou l'aîné des petits-fils .... d'une femme actuellement veuve, ou d'une femme dont le mari a été légalement déclaré absent, ou encore d'un père complétement aveugle, ou enfin d'un père entré dans sa 70ᵉ année.

N. B. Dans les deux cas généraux ci-dessus, 1º et 2º, le frère puîné serait dispensé si le frère aîné était aveugle ou atteint de toute autre infirmité incurable qui le rende impotent.

35. Ces deux causes générales de dispenses sont pour les intéressés des droits absolus, mais résolutoires ; c'est-à-dire que le conseil de révision doit prononcer la dispense, mais que, d'un autre côté, l'autorité militaire prononcerait la cessation de cette dispense, si plus tard, par suite du décès d'un ou de plusieurs de ses parents, selon les cas, le dispensé cessait d'être chef de famille dans les conditions déterminées par la loi.

36. Cette dispense comme chef de famille s'étend, dès

qu'elle se produit, à tous les appelés et à tous les engagés présents sous les drapeaux ou non encore arrivés à leur corps, sauf deux exceptions : ils n'y ont droit que s'ils n'ont pas eux-mêmes procuré à un frère puîné la dispense prévue au paragraphe suivant (37, 2°), et ceux dont le père n'atteint sa 70ᵉ année qu'après la révision, n'y ont jamais droit. Les appelés ou engagés chefs de famille sont, sur leur demande, renvoyés de suite dans la disponibilité de l'armée active pour y achever les cinq premières années de service.

37. Ceux qui, invoquant les *services militaires d'un frère*, ont droit à la dispense, sont :

1° Le plus âgé de deux frères appelés à faire partie du même tirage, mais seulement dans le cas où le plus jeune est reconnu propre au service; ce sont ces deux frères qui peuvent seuls *se substituer* l'un à l'autre, c'est-à-dire que le plus âgé, dispensé de droit, peut servir à la place du plus jeune (N° 16);

2° Le frère d'un militaire servant actuellement dans l'armée active en vertu d'un titre qui l'oblige à y rester cinq ans, ou en vertu d'une commission de gendarme, ou en vertu de son grade d'officier;

3° Le frère d'un ancien militaire qui sera mort en activité de service, ou bien qui aura été réformé ou admis à la retraite, soit pour blessures reçues dans un service commandé, soit pour infirmités contractées dans les armées de terre ou de mer.

N. B. — Les dispenses 2° et 3° pour services actuels ou antérieurs d'un frère ne peuvent être appliquées qu'à un seul frère pour un même cas; mais elles se répètent dans la même famille autant de fois que les mêmes droits s'y reproduisent.

38. Enfin ces trois dispenses pour services militaires sont des droits absolus et non révocables en temps de paix; nous avons déjà dit qu'en temps de guerre tous les dispensés d'activité sont appelés sous les drapeaux. (N° 32.)

39. Les cinq dispenses d'activité ne sont applicables qu'aux enfants légitimes, légitimés ou adoptifs et non aux enfants naturels.

B. **Dispenses de tout service militaire à titre conditionnel.** — **40.** L'intérêt général de la propagation de l'*instruction*, des *beaux-arts* et de la *religion* a amené le législateur à établir des dispenses de tout service militaire actif ou auxiliaire, en temps de paix comme en temps de guerre, en faveur des jeunes gens qui se destinent à l'une de ces carrières; mais ces dispenses ne leur sont accordées qu'à la condition expresse qu'ils rempliront certaines obligations spéciales à leurs carrières; dès qu'ils cessent de les remplir, la dispense est révoquée; à cet effet, ils sont portés sur la 3ᵉ partie de la liste de recrutement. (N° 28).

41. La *dispense à titre conditionnel* s'applique à sept grandes catégories de jeunes gens, ce sont:

1° Les membres de l'instruction publique, les élèves de l'École normale supérieure de Paris et ceux de l'enseignement secondaire de Cluny;

2° Les professeurs des institutions nationales des sourds-muets (à Paris, Bordeaux et Chambéry) et ceux des institutions de jeunes aveugles (à Paris);

3° Les artistes qui ont remporté les grands prix de l'Institut;

4° Les élèves pensionnaires de l'École des langues

orientales vivantes (à Paris) et les élèves de l'École des Chartes (à Paris), nommés après examens;

5° Les membres de l'enseignement libre religieux ou laïque, lorsque l'association ou l'école à laquelle ils appartiennent a été reconnue comme établissement d'utilité publique;

6° Les jeunes gens qui se préparent à l'enseignement primaire public et les instituteurs titulaires ou adjoints des écoles libres qui tiennent lieu d'écoles publiques;

7° Les élèves ecclésiastiques des grands et petits séminaires désignés à cet effet par les archevêques et évêques du culte catholique, ainsi que les jeunes gens régulièrement autorisés à continuer leurs études pour se vouer au ministère dans les autres cultes reconnus par l'État (culte protestant et culte israélite en France et culte mahométan en Algérie).

42. Pour que la dispense conditionnelle soit accordée et maintenue, il faut :

1° Que les jeunes gens désignés aux paragraphes 1°, 2°, 4°, 5° et 6° prennent, avant le tirage au sort, l'engagement de rester pendant dix ans dans l'enseignement ou dans les services publics dont dépend leur établissement ou école;

2° Que les artistes passent à l'École française de Rome les années réglementaires et remplissent envers l'État certaines obligations spéciales;

3° Que les élèves ecclésiastiques du culte catholique soient entrés à vingt-six ans dans les ordres majeurs (c'est-à-dire consacrés sous-diacres au moins) et que ceux des autres cultes soient consacrés ministres à vingt-six ans.

43. Tous les dispensés à titre conditionnel qui cessent

de remplir les obligations spéciales auxquelles ils sont astreints, doivent :

1° En faire la déclaration au maire de la commune où ils étaient domiciliés, dans les deux mois de la cessation de leurs fonctions ou études, sous peine de un mois à un an d'emprisonnement (N° 86, 1°);

2° Accomplir dans l'armée active cinq années d'activité et faire ensuite partie des réserves avec les hommes de leur classe de recrutement.

Présents sous les drapeaux. — 44. Les jeunes gens qui, avant l'appel de leur classe, se sont liés au service dans les armées de terre ou de mer, en vertu d'un brevet ou d'une commission, les engagés volontaires et les jeunes *marins* soumis à l'inscription maritime sont généralement présents à leur corps lors de la révision de leur classe. Le conseil les porte sur la 3° partie de la liste du recrutement. Tout le temps d'activité qu'ils ont déjà fait leur est compté dans les vingt années de service; ils finiront donc leur service avant les hommes de leur classe, et au point de vue de la mobilisation des réserves, ils sont appelés avec la classe antérieure à la leur, qui correspond à l'époque de leur engagement. (N°ˢ 168 à 170.)

45. Les élèves de l'*École polytechnique* et ceux de l'*École forestière* comptent de même comme temps d'activité tout le temps qu'ils passent dans ces Écoles; ils sont portés sur la 3° partie de la liste du recrutement. Ceux qui, ayant satisfait aux examens de sortie, n'entrent pas dans les armées de terre ou de mer reçoivent un brevet ou une commission leur donnant un emploi avec rang d'officier dans l'une des réserves; les autres ne sont astreints qu'aux obligations de leur classe de recrutement.

Services auxiliaires. — 46. Les jeunes gens impropres physiquement à un service armé, mais qui ne sont pas dans le cas d'être exemptés, sont classés dans les services auxiliaires ou ajournés.

Tous les appelés classés dans les services auxiliaires sont portés sur la 4e partie de la liste du recrutement. (Nos 15, 229.)

Ajournement. — 47. Les jeunes gens qui n'ont pas la taille de 1m,54 ou qui sont reconnus d'une complexion trop faible et qui ne sont ni exemptés ni classés dans les services auxiliaires sont *ajournés* à un nouvel examen médical pour l'année suivante ; les ajournés sont portés sur la 5e partie de la liste de recrutement.

L'ajournement peut être prononcé une deuxième fois, mais la troisième année l'examen est définitif. Ils sont alors, suivant leur constitution physique, ou appelés dans l'armée active, ou classés dans les services auxiliaires, ou exemptés.

Ceux qui sont appelés ne sont soumis qu'aux obligations de leur classe de recrutement

Appelés. — 48. Le conseil de révision porte sur la 1re partie de la liste du recrutement cantonal, tous les jeunes gens *appelés*, c'est-à-dire tous ceux qui ne sont pas rayés ou dispensés d'activité, ou dispensés à titre conditionnel, ou présents sous les drapeaux, ou classés dans les services auxiliaires, ou ajournés.

49. L'ensemble des appelés forme le *contingent*, que le ministre de la guerre divise en deux parties : la 1re *portion* appelée pour cinq ans à l'activité, et la 2e *portion* appelée pour un an ou même pour six mois. Dans la 1re portion sont compris les hommes qui doivent servir dans l'armée de mer, c'est-à-dire ceux qui ont eu tout à fait les plus bas numéros et les omis par fraude. (No 25.)

50. La *permutation* est autorisée entre les hommes désignés pour l'armée de mer et ceux désignés pour l'armée de terre, mais elle ne se fait pas de gré à gré entre eux : les appelés qui désirent permuter en font la demande, et c'est un 2ᵉ tirage au sort, fait au ministère de la guerre, qui désigne ceux auxquels la permutation est accordée.

51. Chaque portion du contingent est *mise en route* d'après les ordres du ministre de la guerre. (Nᵒˢ 120 à 123.)

C. **Dispenses à titre provisoire.**— **52.** Après la clôture des listes de recrutement de tous les cantons du département, le conseil de révision est porté à sept membres et il prononce alors, pour tout le département, les dispenses à titre provisoire et les sursis d'appel en faveur des appelés compris sur la 1ʳᵉ partie de chacune des listes de recrutement cantonal qui en ont fait la demande.

53. La *dispense à titre provisoire* peut être accordée aux jeunes gens qui sont désignés par le conseil municipal de leur commune comme étant les soutiens indispensables de leurs familles dans l'indigence, et lorsqu'ils en remplissent effectivement les devoirs ; la dispense serait révoquée, du reste, s'ils cessaient de remplir les conditions légales. Les dispenses à titre provisoire ne peuvent être accordées qu'à 4 p. 100 au plus du nombre total des appelés pour tout le département.

Sursis d'appel. — **54.** Enfin les appelés établissant qu'il est indispensable qu'ils ne soient pas immédiatement enlevés à leurs travaux ordinaires, soit pour leur apprentissage, soit pour leurs études, soit pour les besoins de l'exploitation agricole, industrielle ou commerciale à laquelle ils se livrent pour leur compte ou pour celui de leurs parents, peuvent obtenir, en temps de paix, un *sur-*

sis d'appel pour une année et renouvelable la 2ᵉ année. Leurs demandes doivent être approuvées par le conseil municipal de leur commune. Ce sursis n'est ni une exemption, ni une dispense; il recule simplement le commencement des vingt années de service.

Il ne peut être accordé qu'à 4 p. 100 au plus du nombre total des appelés dans chaque département.

Registre matricule du recrutement. — 55. Dans chaque département, il y a un ou plusieurs bureaux de recrutement (155 en tout, dont 3 pour l'Algérie). (Nº 117.) Le commandant du bureau de recrutement tient un *registre matricule* sur lequel il porte tous les jeunes gens compris dans les quatre premières parties des listes du recrutement cantonal établies par le conseil de révision. Il y mentionne successivement l'incorporation dans l'armée active de chaque homme inscrit, ou la position dans laquelle il est laissé, s'il fait partie des hommes dits *à la disposition de l'autorité militaire* (Nº 10, 1°), puis tous les changements qui peuvent survenir dans sa situation jusqu'à ce qu'il passe dans l'armée territoriale.

56. Tout homme inscrit sur le registre matricule ne doit changer ni de résidence ni de domicile, sans en faire la déclaration, de manière qu'il puisse toujours être retrouvé par l'autorité militaire lors d'une mobilisation ou d'un appel. (Nᵒˢ 22, 23; 86, 2°.)

§ 4. Des engagements et rengagements.

Engagements en général. — 57. L'*engagement* est l'acte par lequel un Français se lie au service dans l'armée active, alors qu'il n'y est pas tenu par la loi. On peut s'engager avant vingt ans. L'engagement est essentiellement gratuit. (Nᵒˢ 4, 7.)

58. Le *rengagement* est l'engagement contracté par un militaire ayant accompli au moins les quatre premières années d'activité et de disponibilité. Le rengagement donne droit à une haute-paye d'ancienneté. (Nᵒˢ 84, 85.)

59. Le temps passé en activité par suite d'un engagement ou d'un rengagement compte évidemment dans les vingt années de service : ainsi le rengagé qui aurait douze ans d'activité ne devrait plus faire que deux ans d'armée territoriale et les six années de réserve dans l'armée territoriale. (Nᵒ 10.)

60. Il y a cinq sortes d'*engagements :* tous sont soumis à des conditions légales ou réglementaires que les jeunes gens doivent remplir pour avoir le droit de s'engager. Parmi ces conditions, les unes sont générales pour tous les engagements, d'autres sont spéciales à chacun d'eux.

61. Les *conditions générales* sont :

1° N'être dans aucun cas d'indignité par suite de condamnations judiciaires (Nᵒˢ 4, 5);

2° Avoir l'aptitude physique nécessaire pour un service armé et pour le corps de troupe dans lequel l'engagé veut entrer ;

3° Au-dessous de vingt ans, justifier du consentement de ses père, mère ou tuteur;

4° Ne point être lié au service de terre ou de mer dans l'armée active.

62. L'aptitude physique est constatée par un médecin en présence du commandant du bureau de recrutement ou du chef de corps dans lequel le jeune homme veut entrer.

63. En principe, l'engagé a le droit de choisir le corps dans lequel il désire servir, mais il lui faut le consentement du chef de corps lorsque ce corps est en garnison dans le département où il réside ; en outre, l'engagé peut toujours être changé de corps ou d'arme lorsque l'intérêt ou les besoins du service l'exigent.

64. Les engagements sont contractés devant le maire d'un chef-lieu de canton ; ce magistrat doit s'assurer que le jeune homme remplit toutes les conditions voulues, et lui donner lecture de certaines dispositions légales ou réglementaires.

L'acte d'engagement est établi en présence de deux témoins.

I°. Engagement de cinq ans. — 65. C'est l'engagement le plus général. Les *conditions spéciales* auquel il est soumis sont :

1° Jouir de ses droits civils et produire un certificat de bonne vie et mœurs établi par le maire de la commune ;

2° Avoir 16 ans accomplis pour un engagement dans la marine et 18 ans accomplis pour l'armée de terre ;

3° Ne pas être âgé de plus de 24 ans ;

4° N'être ni marié, ni veuf avec enfant ;

5° Savoir lire et écrire, à partir du 1er janvier 1880 ;

6° Si le jeune homme a tiré au sort, il doit contracter son engagement au plus tard la veille du jour où le conseil de révision siége pour son canton ; c'est ce que l'on nomme *devancer l'appel ;* cette sorte d'engagement n'est autorisée que dans certaines conditions.

66. L'engagé reçoit une *feuille de route* du sous-intendant militaire et rejoint directement son corps.

II°. Engagement conditionnel d'un an. — 67. L'engagement d'un an ou *volontariat d'un an* est une institution nouvelle en France, mais qui existe en Allemagne depuis longtemps, et qui a été adoptée par la plupart des puissances. Elle a pour but de favoriser en temps de paix les carrières dites libérales, l'agriculture, l'industrie et le commerce, en ne maintenant qu'un an sous les drapeaux les jeunes gens qui, ayant embrassé l'une de ces carrières, font preuve d'une instruction générale déterminée et supportent toutes les dépenses de leur nourriture, de leur habillement et de leur équipement pendant leur année de service. L'instruction militaire qui leur est donnée dans l'armée active est dirigée de manière à les mettre à même de remplir les emplois de caporal ou brigadier, de sous-officier ou même d'officier dans les diverses réserves. Le volontariat d'un an constitue évidemment un privilége, mais ce privilége est essentiellement basé sur l'instruction et l'intelligence ; l'armée et la société ne peuvent que gagner à son maintien, à la condition toutefois que cette institution ne soit pas détournée de son but. Le volontariat ne donne pas droit à la dispense en faveur d'un frère. (N° 37, 2°.)

68. Il y a deux sortes d'engagements conditionnels d'un an : l'engagement de droit et l'engagement au concours.

69. Ont le *droit* de s'engager volontairement pour un an :

1° Les jeunes gens qui ont obtenu l'un des diplômes ou brevets universitaires de bachelier ès lettres, bachelier ès sciences ou de fin d'études de l'enseignement secondaire spécial ;

2° Les élèves des écoles nationales suivantes :

École centrale des arts et manufactures (à Paris) ;

Écoles des arts et métiers (à Aix, Angers et Châlons-sur-Marne), et École d'horlogerie de Cluses ;

Écoles des beaux-arts (à Paris, Dijon et Lyon) ;

Conservatoires de musique (à Paris, Lille, Dijon, Toulouse et Nantes);

Écoles vétérinaires (à Alfort, Lyon et Toulouse);

École des haras (au Pin);

Écoles d'agriculture (à Grignon, Grand-Jouan et Montpellier);

Fermes-écoles (il y en a 27) et écoles pratiques d'agriculture (il y en a 3), [ceux seulement qui ont obtenu le liplôme de capacité aux examens de sortie];

3° Les élèves externes des écoles nationales suivantes :
École des mines (à Paris);

École des ponts et chaussées (à Paris) ;

École du génie maritime (à Paris) ;

École des mineurs (à Saint-Étienne).

70. Obtiennent *au concours* le droit de s'engager volontairement pour un an, les jeunes gens qui ont satisfait à l'un des examens agricole, industriel ou commercial, fixés par le règlement du 31 octobre 1872, et jusqu'à concurrence du nombre déterminé par le ministre de la guerre.

71. L'expérience a prouvé que les volontaires d'un an de cette 2° catégorie n'avaient pas toujours une instruction première suffisante pour suivre efficacement les cours militaires qui leur sont faits dans les corps de troupe; il y a évidemment une réforme à apporter au volontariat d'un an, tel qu'il a été pratiqué jusqu'à présent.

72. Tous les engagements d'un an ne peuvent être contractés que pour l'armée de terre; ils sont soumis aux *conditions spéciales* suivantes, indépendamment, bien entendu, des conditions générales (N° 61) et de celles relatives à l'instruction de chaque catégorie d'engagés :

1° Jouir de ses droits civils et produire un certificat de bonne vie et mœurs ;

2° Être âgé de 18 ans au moins et n'avoir pas tiré au sort ;

3° Avoir effectué à la caisse des dépôts et consignations le versement fixé par le ministre de la guerre (ce versement est de 1,500 fr. ; les engagés au concours peuvent en être dispensés en totalité ou en partie, jusqu'à concurrence d'une exemption totale sur cent engagés).

73. Les jeunes gens qui, étant dans les conditions pour contracter l'engagement d'un an, seraient reconnus impropres au service militaire avant leur tirage au sort, seraient, sur leur demande, *assimilés aux volontaires d'un an*, si lors de la révision de leur classe ils étaient reconnus aptes au service.

74. L'engagement d'un an est toujours contracté devant le maire d'un chef-lieu de département.

75. Les volontaires d'un an de droit (N° 69) peuvent obtenir, en temps de paix, un *sursis* d'appel à l'activité jusqu'à 24 ans, pour continuer leurs études; mais ils doivent pour cela contracter leur engagement dans l'année qui précède celle de leur tirage au sort, et le sursis peut leur être retiré s'ils ne suivent pas avec assiduité les cours de la Faculté ou de l'École dont ils sont élèves. Les élèves de l'*École supérieure d'agriculture* de Beauvais et ceux des *Écoles supérieures de commerce* de Paris, Lyon, Bordeaux, Marseille, Rouen, Le Havre et Lille, jouissent du même privilége.

76. Les engagés d'un an sont *mis en route* à la date fixée par le ministre, leur temps d'activité ne court qu'à partir de cette date. Ils sont incorporés et soumis à toutes les obligations de service imposées aux hommes présents sous les drapeaux; il leur est fait des cours militaires spéciaux; ils sont astreints à des examens auxquels ils

doivent satisfaire pour obtenir un certificat de capacité à l'un des grades de caporal ou brigadier et de sous-officier.

77. S'ils ne satisfont pas à ces examens, ils restent sous les drapeaux une 2ᵉ année au bout de laquelle, en cas d'un nouvel échec, ils sont *déchus* des avantages du volontariat d'un an et maintenus pendant 5 ans en activité.

78. Il en est de même de tout volontaire d'un an qui commet des fautes graves contre la discipline.

79. Après la 1ʳᵉ année (ou la 2ᵉ année) d'activité, le volontaire d'un an est renvoyé en disponibilité dans ses foyers; au point de vue de la mobilisation, il marche avec la première partie de la classe à laquelle il appartient par la date de son engagement; il revient alors dans l'armée avec le grade qu'il a obtenu. (Nᵒˢ 168 à 170.)

III°. **Engagement pour la durée de la guerre. —** 80. En temps de guerre, tout Français qui remplit simplement les conditions générales (N° 61) et qui est libre de toute obligation dans l'armée active et dans la réserve de cette armée, est admis à s'engager pour la durée de la guerre, quel que soit son âge, c'est-à-dire même avant 18 ans ou après 40 ans, pourvu qu'il soit apte à faire un bon service dans le corps pour lequel il s'engage.

Cet engagement ne donne pas droit à la dispense en faveur d'un frère. (N° 37, 2°.)

IV°. **Engagement spécial aux disponibles. —** 81. Les militaires envoyés en disponibilité et ceux qui doivent y être envoyés après l'année ou les six mois d'activité qu'ils doivent faire, ainsi que les volontaires d'un an qui ont achevé leur année de service, sont admis, sur leur demande, à compléter 5 années de service actif. Les volontaires d'un an conservent alors le grade qu'ils ont obtenu.

82. Cet engagement donne droit à la dispense pour le frère. (N° 37, 2°.) Il ne peut être contracté que devant un sous-intendant militaire.

V°. Engagement pour une 2ᵉ année spéciale aux volontaires d'un an. — **83.** Enfin, le volontaire d'un an peut, après sa 1ʳᵉ année, s'il a satisfait aux examens, contracter un second engagement pour une seconde année, qu'il passera soit dans un corps de troupe, soit dans une école militaire. Il suivra encore des cours spéciaux, et après l'examen de seconde année il lui sera délivré un brevet de *sous-lieutenant de réserve* ou une commission équivalente dans l'une des réserves. Cet engagement ne donne pas droit à la dispense pour le frère. Il est aussi contracté devant un sous-intendant militaire. (N° 37, 2°.)

Des rengagements. — **84.** Les rengagements, qu'il ne faut pas confondre avec les engagements ci-dessus (IV° et V°), ne peuvent être contractés que par des militaires qui sont dans leur dernière année d'activité, soit comme appelés, soit comme engagés ou rengagés, et par ceux qui sont dans la réserve de l'armée active. Ils sont reçus pour 2 ans au moins et 5 ans au plus, de manière que le simple soldat et le caporal ou brigadier ne soient pas maintenus dans le service actif au delà de 29 ans accomplis, et le sous-officier au delà de 35 ans. Cette restriction a un double but : d'abord de ne maintenir dans l'armée active que des hommes jeunes, vigoureux, capables d'un bon service de guerre, et des gradés n'encombrant pas les cadres ; ensuite de permettre aux militaires de revenir dans la vie civile à un âge assez peu avancé pour pouvoir s'y créer facilement encore une position. Il y a cependant des exceptions en faveur de plusieurs catégories de militaires qui ont des emplois spéciaux dans les corps de troupe ou dans les services administratifs; on peut les conserver en activité comme *commissionnés* jusqu'à 25 ans de service et même au delà.

85. Le militaire de l'armée active et celui de la réserve de l'armée active qui veulent se rengager doivent remplir certaines conditions spéciales d'aptitude physique et de bonne conduite. Ils ont droit à une *haute-paye journalière d'ancienneté* à compter du jour où ils ont accompli effectivement 5 années de présence sous les drapeaux, pour les soldats, caporaux ou brigadiers, et du jour de leur rengagement pour les sous-officiers.

Un projet de loi déposé à la Chambre des députés à la fin de 1877, par le ministre de la guerre, propose de rétablir *la prime de rengagement*, mais pour les sous-officiers seulement, et dans le but de contribuer à la bonne organisation de leurs cadres.

§ 5. Dispositions pénales.

86. La loi sur le recrutement a édicté un ensemble de dispositions pénales, qui ont été complétées par la loi du 18 novembre 1875, contre toutes les *infractions* à ses dispositions. Ces infractions sont :

1° Le *manque de déclaration* exigée des dispensés conditionnels ainsi que des hommes présents sous les drapeaux qui cessent leurs fonctions, études ou services (Nᵒˢ 40 à 45);

2° Le *manque de déclaration* de changement de domicile ou de résidence de la part de tout homme appartenant à l'une quelconque des réserves (Nᵒˢ 10, 22, 23);

3° *Toutes fraudes ou manœuvres et tentatives de ces délits* par suite desquelles un jeune homme aura été omis sur les tableaux de recensement et sur les listes du tirage;

4° *Tout concert frauduleux* à la suite duquel les jeunes gens se seront abstenus de comparaître devant le conseil de révision, et la complicité de ces délits ;

5° *Toutes fraudes ou manœuvres* à la suite desquelles un jeune homme aura été indûment exempté ou dispensé, et la complicité de ces délits;

6° *Tout retard* non justifié dans l'arrivée au corps d'un engagé, appelé ou réserviste de l'une quelconque des diverses catégories, lorsque ce retard aura dépassé les délais fixés pour qu'il y ait *insoumission* (Nᵒˢ 87, 88);

7° Le *recel*, la *prise à son service d'un insoumis*, le fait d'avoir favorisé l'évasion d'un insoumis, et les manœuvres coupables qui empêchent ou retardent le départ des jeunes soldats, et les tentatives de ces délits;

8° La *mutilation volontaire* dans le but de se soustraire au service militaire et la complicité dans la mutilation, ainsi que les tentatives de ces délits;

9° *Tout abus d'autorité* dans les conditions fixées par la loi, de la part des fonctionnaires civils ou militaires en matière de recrutement;

10° L'*acceptation de dons ou promesses* de la part des médecins appelés aux conseils de révision, dans le but de favoriser les jeunes gens qu'ils doivent examiner, et même pour exemption ou réforme justement prononcée, ainsi que l'offre du don ou de la promesse;

11° Enfin, *tous autres crimes ou délits* commis en matière de recrutement et punis par les lois pénales ordinaires.

87. Il n'entre pas dans le cadre de ce travail d'étudier en détail chacune de ces infractions, nous nous bornerons à résumer les dispositions nouvelles qui concernent l'insoumission.

L'*insoumission* est le délit dont se rendent coupables :

1° Le *jeune soldat* appelé sous les drapeaux qui, ayant reçu un ordre de route ou notification de cet ordre à son domicile légal, n'obéit pas à cet ordre dans les délais déterminés ;

2° L'*engagé volontaire* qui, ayant reçu une feuille de route pour rejoindre son corps, ne se rend pas à ce corps dans les délais réglementaires ;

3° Le *réserviste*, quelle que soit sa catégorie, qui, appelé sous les drapeaux pour des revues, exercices ou manœuvres, et ayant reçu un ordre de route notifié à son domicile légal, n'obéit pas à cet ordre de route ; ou en cas de mobilisation par voie d'affiches et de publications sur la voie publique, celui qui ne se rend pas au corps ou au poste qui lui est assigné dans les délais fixés par l'ordre de route que contient son livret individuel. (N°ˢ 123, 169.)

Dans ces trois cas, il n'y a pas insoumission si le retard est le résultat d'un cas de *force majeure*.

88. Il y a donc *deux grandes catégories d'insoumis :*

1° Celle des engagés volontaires et des jeunes soldats qui n'ont jamais servi ;

2° Celle des réservistes de toutes catégories ayant déjà servi.

Les *délais d'insoumission* sont, en *temps de paix*, de *un mois* pour les premiers et de *quinze jours* pour les réservistes.

Le *délai d'un mois* est porté pour les *engagés* et *appelés* soumis à la loi du recrutement en France :

1° A *deux mois* pour les hommes demeurant en Algérie et dans les îles voisines des contrées limitrophes de la France ou en Europe ;

2° A *six mois* pour ceux qui demeurent en tout autre pays.

Le même *délai d'un mois* est porté pour les *appelés* et *engagés* soumis à la loi du recrutement en Algérie (N°ˢ 92 à 100) :

1° A *un mois* si l'homme au domicile duquel un ordre d'appel a été notifié demeure en Algérie ;

2° A *deux mois* s'il demeure en France, dans les îles voisines des contrées limitrophes ou en Europe ;

3° A *six mois* s'il demeure en tout autre pays.

En *temps de guerre* ou en cas de *mobilisation par voie d'affiches et de publications sur la voie publique,* les délais d'insoumission sont réduits :

1° Pour les hommes soumis à la loi du recrutement en France, à *deux jours* pour les *appelés, engagés* et *réservistes* ; à *un mois* s'ils demeurent en Algérie ou en Europe, et à *trois mois* s'ils demeurent en tout autre pays ;

2° Pour les hommes soumis à la loi du recrutement en Algérie, à *quatre jours* s'ils habitent l'Algérie, à *un mois* s'ils habitent la France ou l'Europe, et à *trois mois* s'ils habitent dans tout autre pays.

Les *peines d'insoumission* sont, en *temps de paix,* d'un mois à un an d'emprisonnement, et en *temps de guerre,* de deux à cinq ans de la même peine. En outre, les insoumis en temps de guerre sont, à l'expiration de leur peine, envoyés dans une compagnie de discipline, et enfin *leurs noms sont affichés,* pendant toute la durée de la guerre, dans toutes les communes du canton de leur domicile.

Ces dispositions s'appliquent aux insoumis de toutes catégories sans exception.

Ces peines d'emprisonnement peuvent être réduites par suite de l'admission de *circonstances atténuantes.*

§ 6. Dispositions particulières et transitoires.

89. En dehors des principes du recrutement proprement dit et des dispositions pénales, la loi renferme encore certaines *dispositions particulières et transitoires.*

90. Les *dispositions particulières* sont relatives à la *liberté religieuse*, qui doit être laissée aux militaires sous les drapeaux, à l'*instruction générale,* qu'ils doivent y recevoir suivant leur grade, en plus de l'instruction militaire, et au *compte rendu annuel* de l'exécution de la loi du recrutement que le ministre de la guerre doit présenter aux Chambres législatives.

91. Les *dispositions transitoires* ont eu pour but de mettre, dès 1873, à la disposition de l'autorité militaire vingt classes de recrutement, réparties entre l'armée permanente et les diverses réserves, conformément aux principes nouveaux. La loi ne fonctionnera d'une manière complétement normale qu'à partir du 1er juillet 1892; mais les résultats actuels sont de beaucoup supérieurs à ceux que donnaient les précédentes lois de recrutement, surtout au point de vue de l'effectif de l'armée active et de sa réserve.

Quant à l'armée territoriale, son organisation a été longtemps retardée par suite de diverses considérations et principalement de difficultés pécuniaires. Elle a été réunie pour la première fois au printemps de 1878.

§ 7. Recrutement en Algérie.

92. Une loi du 6 novembre 1875 a déterminé les conditions suivant lesquelles les Français domiciliés en Algérie sont soumis au service militaire. Cette loi repose sur les mêmes principes que celle du 27 juillet 1872 sur le recrutement en France; nous ne signalerons que les principales différences entre la loi de 1875 et celle de 1872.

93. La loi sur le recrutement en Algérie est *applicable :*

1° Aux Français nés en Algérie et qui y ont conservé leur domicile;

2° Aux Français nés hors de l'Algérie, mais qui y sont domiciliés;

3° Aux Français nés hors de l'Algérie, qui y ont leur résidence habituelle et qui prennent, avant l'âge de 20 ans, devant le maire de leur commune, l'engagement d'y résider pendant dix ans.

94. Le *recensement* se fait par commune et non par canton.

95. Il n'y a *pas de tirage au sort,* attendu que tout le contingent est appelé à l'activité pour le même espace de temps, un an seulement.

96. La durée du service compte du 1er *avril* et non du 1er juillet de l'année où les jeunes gens ont été inscrits sur les tableaux de recensement.

97. L'*année d'activité* commence entre le 1er avril et le 1er septembre de cette même année. Les jeunes gens font leur service dans les corps stationnés en Algérie. Exceptionnellement et par mesure d'ordre, le ministre de la guerre, sur la proposition du gouverneur général, peu envoyer dans les corps de troupe du midi de la France, pour y faire leur année de service, un certain nombre de ces jeunes gens d'origine indigène.

98. A l'expiration de leur année de service effectif, les jeunes gens sont renvoyés dans leurs foyers et inscrits sur les contrôles de la *réserve,* dans laquelle ils restent *huit* ans.

Le gouverneur général règle par des arrêtés les *manœuvres* auxquelles doivent prendre part les hommes de la réserve.

99. Les jeunes gens appelés en Algérie jouissent, sans rétribution aucune, des divers avantages reservés en France aux volontaires d'un an, c'est-à-dire qu'après avoir satisfait à des examens à l'expiration de leur année de service, ils peuvent obtenir un brevet de caporal ou brigadier ou de sous-officier, et que ceux qui font une seconde année peuvent obtenir après examen un brevet de *sous-lieutenant de réserve.*

100. Après leurs neuf années d'activité et de réserve, les hommes passent dans l'*armée territoriale* pour cinq ans, puis dans la *réserve de l'armée territoriale* pour six ans. Cependant, en cas d'insurrection, les hommes de 40 à 50 ans peuvent être rappelés dans l'armée territoriale s'il y a insuffisance de ressources fournies par la réserve de l'armée active et par l'armée territoriale.

Composition normale de l'armée française

COMPRENANT 20 CLASSES DE RECRUTEMENT DU 1ᵉʳ JUILLET D'UNE ANNÉE AU 30 JUIN SUIVANT.

ANNÉES DE RECRUTEMENT.	ARMÉE ACTIVE et disponibilité. (3 classes.)	RÉSERVE de l'armée active. (4 classes.)	ARMÉE territoriale. (5 classes.)	RÉSERVE de l'armée territoriale (6 classes.)
	classes de	classes de	classes de	classes de
Du 1ᵉʳ juillet 1877 au 30 juin 1878	1876 à 1872	1871 à 1868	1867 à 1863	1862 à 1857
— 1878 — 1879	1877 à 1873	1872 à 1869	1868 à 1864	1863 à 1858
— 1879 — 1880	1878 à 1874	1873 à 1870	1869 à 1865	1864 à 1859
— 1880 — 1881	1879 à 1875	1874 à 1871	1870 à 1866	1865 à 1860
— 1881 — 1882	1880 à 1876	1875 à 1872	1871 à 1867	1866 à 1861
— 1882 — 1883	1881 à 1877	1876 à 1873	1872 à 1868	1867 à 1862
— 1883 — 1884	1882 à 1878	1877 à 1874	1873 à 1869	1868 à 1863
— 1884 — 1885	1883 à 1879	1878 à 1875	1874 à 1870	1869 à 1864
— 1885 — 1886	1884 à 1880	1879 à 1876	1875 à 1871	1870 à 1865
— 1886 — 1887	1885 à 1881	1880 à 1877	1876 à 1872	1871 à 1866
— 1887 — 1888	1886 à 1882	1881 à 1878	1877 à 1873	1872 à 1867
— 1888 — 1889	1887 à 1883	1882 à 1879	1878 à 1874	1873 à 1868
— 1889 — 1890	1888 à 1884	1883 à 1880	1879 à 1875	1874 à 1869
etc. etc.	etc. etc.	etc. etc.	etc. etc.	etc. etc.

CHAPITRE II.

§ 1. Organisation.

L'organisation générale de l'armée est régie par la loi du 24 juillet 1873, par celle du 5 janvier 1875, ainsi que par certaines dispositions de nos autres nouvelles lois militaires et par plusieurs décrets.

Composition générale de l'armée. — 101. Au point de vue de l'organisation générale et de la mobilisation, l'armée se divise en :

1° *Armée permanente* et ses réserves (disponibles, hommes à la disposition de l'autorité militaire et réservistes de l'armée active);

2° *Armée territoriale* et sa réserve (Nᵒˢ 9 à 11).

102. L'*armée active* se compose :

1° Des *corps de troupe* de toutes armes, savoir :

L'infanterie (Nᵒˢ 181, 182),

La cavalerie (Nᵒˢ 183, 184),

L'artillerie (Nᵒˢ 185 à 187),

Le génie (Nᵒˢ 188 à 190),

Le train des équipages militaires (Nᵒˢ 191 à 193);

2° Du personnel de l'*état-major général* et des *services généraux* de l'armée, savoir :

L'état-major général de l'armée (Nᵒˢ 195, 196),

Le service d'état-major (Nᵒˢ 197, 198),

Le corps de l'inspection de l'administration de la guerre (N° 199);

3° Du personnel des *états-majors* et des *services parti-culiers*, savoir :

L'état-major particulier de l'artillerie (N°ˢ 200, 201),

L'état-major particulier du génie (N°ˢ 202, 203),

Le corps de l'intendance militaire (N° 204),

Le corps des officiers de santé militaires (N° 205),

Les officiers d'administration (N° 206),

Les sections de secrétaires d'état-major et du recrute-ment (N° 207),

Les sections de commis et ouvriers militaires d'admi-nistration (N° 208),

Les sections d'infirmiers militaires (N° 209),

Les aumôniers militaires (N° 217),

Les vétérinaires militaires (N° 218),

Les interprètes militaires (N° 223),

Le service du recrutement et de la mobilisation (N°ˢ 210, 211),

Le service de la trésorerie et des postes (N° 219),

Le service de la télégraphie (N° 220),

Le service des chemins de fer (N° 221),

Les écoles militaires (N° 213),

La justice militaire (N° 214),

Les dépôts de remonte (N° 212),

Les affaires indigènes en Algérie (N° 224);

4° De la gendarmerie (N° 225);

5° Du régiment de sapeurs-pompiers de la ville de Paris. (N° 226.)

103. L'*armée territoriale* comprend des troupes de toutes armes, ainsi que les états-majors et services parti-culiers qui lui sont nécessaires. (N°ˢ 234 et suiv.)

Territoire. — **104.** La France est divisée en 18 *régions militaires :* l'Algérie forme la 19ᵉ région. Chaque région française comprend 8 subdivisions, l'Algérie n'en a que 3 ; en tout, 147 subdivisions de région.

En dehors de ces régions, il y a *deux commandements supérieurs :* celui de Paris, qui comprend les départements de la Seine et de Seine-et-Oise, et celui de Lyon, formé du département du Rhône avec quelques communes avoisinantes des départements de l'Ain et de l'Isère.

105. Les régions et subdivisions ont été établies d'après les ressources du recrutement et les exigences de la mobilisation ; leurs limites concordent avec celles des divisions administratives des départements, arrondissements et cantons. Le territoire de chacun des deux commandements supérieurs est réparti entre les régions et subdivisions voisines.

106. Chaque région est en principe occupée par un *corps d'armée* de l'armée active permanente ; les deux commandements supérieurs sont occupés par des divisions et brigades actives détachées des régions voisines.

Des troupes peuvent aussi être détachées momentanément d'une région dans une autre. (Nᵒ 112.)

Commandement. — **107.** Tout le territoire d'une région est commandé par un *général commandant de corps d'armée*, qui délègue le commandement particulier des subdivisions à des généraux de division et de brigade sous ses ordres. A la tête de chaque commandement supérieur, il y a un *gouverneur militaire* qui délègue aussi le commandement territorial à des généraux.

108. Dans chaque région, le général commandant le corps d'armée a sous son *commandement* non-seulement le territoire, mais encore toutes les forces de l'armée active et des diverses réserves, ainsi que tous les services et établissements militaires qui sont exclusivement affectés à ces forces.

109. Chaque *corps d'armée* est organisé d'une manière permanente en divisions et brigades actives : il est toujours pourvu du commandement, des états-majors, du matériel et de tous les services administratifs nécessaires pour pouvoir entrer immédiatement en campagne.

110. Les *états-majors* d'un corps d'armée comprennent :

Le service d'état-major, L'état-major de l'artillerie, L'état-major du génie, divisés chacun en 2 sections : 1° la *section active*, marchant avec les troupes actives en cas de mobilisation ; 2° la *section territoriale*, ayant dans ses attributions tous les services territoriaux (N° 102, 3°).

111. Chaque corps d'armée comprend, en outre, les *troupes actives* suivantes :

1° Deux divisions d'infanterie, à 2 brigades de 2 régiments ;

2° Une brigade de cavalerie à 2 régiments ;

3° Une brigade d'artillerie à 2 régiments ;

4° Un bataillon de génie ;

5° Un escadron du train des équipages militaires. (N°114.)

Troupes détachées. — **112.** Les corps de troupe ou fractions de corps, les brigades et les divisions qui font partie de la composition normale d'un corps d'armée et se trouvent détachés sur le territoire d'un autre corps d'armée, dans les gouvernements militaires de Paris et de Lyon, ou en Algérie, relèvent du commandant du corps d'armée auquel ils appartiennent sous le rapport de la mobilisation, de l'instruction, de la discipline intérieure, du personnel et de l'administration ; mais ces troupes sont placées, au point de vue de la discipline générale, du service et des mesures d'ordre public, sous l'autorité du commandant de corps d'armée ou du gouverneur dans le commandement duquel elles sont stationnées.

Administration. — 113. Tous les fonctionnaires et agents chargés d'assurer la direction et la gestion des divers *services administratifs* de la région sont sous les ordres du général commandant le corps d'armée. Une loi sur l'administration de l'armée doit régler les attributions de ces divers fonctionnaires et agents et créer un corps de contrôle indépendant. (N° 102, 2°.)

114. Les divers *services administratifs* et *sanitaires* du corps d'armée sont divisés, comme les états-majors, en partie active et en partie territoriale. (N° 110.)

Ces divers services sont compris dans l'énumération générale des divers services particuliers. (N° 102, 3°.)

Les *troupes d'administration* d'un corps d'armée comprennent :

1° Une section de secrétaires d'état-major et de recrutement ;

2° Une section de commis et ouvriers militaires d'administration ; il y en a, en outre, 3 à Paris, 1 à Lyon et 3 en Algérie ;

3° Une section d'infirmiers militaires ; il y en a, en outre, 3 à Paris, 1 à Lyon et 3 en Algérie.

115. Les *établissements spéciaux* situés dans une région et destinés à assurer la défense générale du pays ou à pourvoir aux services généraux des armées restent sous la direction immédiate du ministre de la guerre ; le général du corps d'armée n'exerce sur eux qu'une surveillance permanente.

Recrutement. — 116. Nous avons vu (chap. Ier) les règles générales d'après lesquelles sont désignés les hommes qui doivent faire partie de l'armée active et des diverses réserves. Nous allons expliquer maintenant comment s'effectuent le passage de la vie civile à la vie militaire et les passages successifs dans les diverses réserves, ainsi que la libération définitive, c'est-à-dire le retour à la vie civile après vingt années de service militaire.

117. Le service du recrutement a pris une très-grande importance dans notre nouvelle organisation militaire; il est centralisé au chef-lieu de chaque région par un officier supérieur de la section territoriale du service d'état-major.

Dans chaque subdivision, il y a un *bureau de recrutement* chargé pour la subdivision de tous les détails du service du recrutement, de la mobilisation, des réquisitions et de l'armée territoriale; il y en a, en outre, 5 à Paris, 1 à Versailles, 1 à Lyon et un 2e dans la subdivision d'Aix, à Digne; soit, en tout, 152 en France et 3 en Algérie.

118. Chaque *bureau de recrutement* est sous les ordres d'un officier supérieur commandant du bureau de recrutement, qui est secondé par un personnel spécial au recrutement, à la mobilisation et aux réquisitions et par un autre personnel spécial à l'infanterie de l'armée territoriale. (N°s 210, 211.)

119. Le commandant du bureau de recrutement assiste à toutes les opérations de la révision (N°s 26 à 49); il y prend note des aptitudes physiques et des professions des jeunes gens appelés, de manière à pouvoir opérer utilement leur répartition entre les diverses armes et les divers corps de troupe de l'armée active et à les y faire incorporer.

Il tient le *registre matricule* prescrit par la loi sur le recrutement. (N° 55.)

Il fait *immatriculer* dans l'un des corps de troupe du corps d'armée de la région tous les disponibles et réservistes de l'armée active domiciliés dans la région. Il affecte à l'un de ces corps chacun des hommes à la disposition de l'autorité militaire qui n'est pas incorporé déjà dans l'armée active. (N° 135.)

Il tient les *contrôles* de l'armée territoriale et de sa réserve. (N°s 235 et suiv.)

Il tient le *registre spécial* sur lequel sont portés les chevaux, mulets et voitures qui peuvent être requis en cas de mobilisation, d'après la loi sur les réquisitions militaires, du 3 juillet 1877. (N°s 153, 154.)

Tous les militaires de l'armée active et des diverses réserves qui se trouvent à un titre quelconque dans leurs foyers et qui sont domiciliés dans la subdivision, relèvent du commandant du bureau de recrutement. (N° 10).

Il fait visiter en sa présence, par un médecin militaire ou civil, les jeunes gens qui demandent à contracter un engagement volontaire. (N° 62.)

Incorporation dans l'armée active. — 120. L'armée active se recrute d'après le *système territorial ou national,* c'est-à-dire en répartissant les appelés entre les divers corps de troupe, sans tenir compte de leur domicile avant leur entrée au service; les hommes du midi de la France, par exemple, peuvent être envoyés dans le Nord et dans l'Ouest, etc., etc. Ce système, qui est appliqué chez nous depuis très-longtemps, offre l'avantage de mélanger continuellement les éléments de la population, de faire de l'ensemble de l'armée l'image fidèle de toute la nation et de contribuer ainsi au maintien de l'unité politique et nationale du pays; mais au point de vue de la mobilisation, il est inférieur au *système régional* de l'Allemagne, que nous n'avons adopté que pour les réserves et pour la 2ᵉ portion du contingent. (Nᵒ 126.)

121. La *mise en route* des jeunes soldats appelés à l'activité n'a lieu que sur l'ordre du ministre de la guerre et séparément pour la 1ʳᵉ et la 2ᵉ portion du contingent. Chaque appelé reçoit à son domicile un *ordre d'appel sous les drapeaux*, qui lui prescrit de se rendre à un jour fixé au bureau de recrutement de sa subdivision de région. Il y subit une nouvelle visite médicale, pour constater qu'il n'a pas cessé d'être apte au service militaire; celui qui aurait cessé de l'être serait réformé, c'est-à-dire exempté de tout service, mais sans pouvoir procurer la dispense à son frère. (Nᵒ 37, 2ᵒ.)

122. Les appelés sont ensuite formés en détachements et dirigés, sous la conduite de militaires de l'armée active, sur les différents corps de troupe dans lesquels ils sont incorporés; ils sont dès lors soumis aux lois militaires.

123. Le commandant de recrutement fait établir le *livret individuel* et le *livret matricule* de chaque appelé ou engagé, et les envoie immédiatement au corps auquel il appartient. Ces livrets contiennent tout ce qui est relatif au signalement, à l'état civil et à l'état militaire de l'homme, ainsi que divers renseignements administratifs et d'instruction. Ils doivent servir pendant les vingt années de service et sont constamment tenus à jour. Le *livret individuel* reste en principe entre les mains de l'homme, tandis que son *livret matricule* est remis à l'autorité militaire.

Ces deux livrets ont une grande importance au point de

vue du service actif et du service dans les réserves ; on y porte les divers changements de domicile et de résidence de l'homme sorti de l'activité. Le *livret individuel* contient encore les divers certificats d'envoi dans la disponibilité, dans la réserve de l'armée active, dans l'armée territoriale et dans la réserve de l'armée territoriale, ainsi que des ordres de route tout préparés pour le cas de mobilisation.

Organisation intérieure des corps de troupe. — **124.** Nous ne faisons que mentionner ici l'organisation intérieure des corps de troupe pour suivre l'ordre pratique d'idées que nous avons adopté dans cette étude d'ensemble sur l'organisation générale de l'armée. Son importance exige d'assez nombreux développements que nous donnerons plus loin. (N°s 181 à 194.)

Passage dans la disponibilité. — **125.** Après avoir fait leur temps d'activité, les militaires qui n'y ont pas accompli les cinq premières années de service passent dans la disponibilité pour les y achever.

Ainsi passent dans la disponibilité :

1° Les appelés de la 2e portion après un an ou 6 mois de service actif ;

2° Les volontaires d'un an après leur année [ou leur 2e année] (N°s 76, 77) ;

3° Les appelés ou engagés devenus chefs de famille (N° 36) ;

4° Les appelés de la 1re portion et les engagés pour cinq ans, lorsque le ministre donne l'ordre de renvoyer une classe dans ses foyers par anticipation ;

5° Les élèves de l'École polytechnique et de l'École forestière ayant satisfait aux examens de sortie. (N° 45.)

126. Nous avons dit (N° 120) que le recrutement des

diverses réserves se fait d'après le *système régional* ; dans ce système, tous les hommes de la région sont incorporés dans l'un des corps de troupe qui occupent la région ; les hommes s'éloignent ainsi très-peu de leurs foyers pendant leur séjour sous les drapeaux ; en cas de mobilisation, ils reviennent dans leur ancien corps et y retrouvent leurs anciens chefs et leurs anciens camarades. Ce système favorise évidemment de beaucoup la mobilisation, mais il a l'inconvénient de trop développer l'esprit provincial aux dépens de l'esprit national ; aussi en France ne l'a-t-on adopté que pour l'organisation des diverses réserves et de la 2ᵉ portion du contingent, afin de faciliter la mobilisation.

127. Lorsqu'un militaire de l'armée active passe dans la disponibilité, le corps auquel il appartient remplit le *certificat d'envoi dans la disponibilité* qui se trouve à la fin du livret individuel, et envoie ce livret ainsi que son livret matricule au commandant du bureau de recrutement de sa subdivision de région. Cet officier supérieur affecte l'homme à l'un des corps de l'armée active stationné dans la région (Nº 135) ; il en fait mention sur les deux livrets, puis remplit l'un des ordres de route placés aux dernières pages du livret individuel. Il fait ensuite parvenir le livret matricule au nouveau corps et remettre, par l'intermédiaire de la gendarmerie, le livret individuel à l'homme qui doit le conserver avec soin et pouvoir le présenter à toute réquisition des autorités militaire, civile ou judiciaire.

128. Tout homme de l'une quelconque des réserves qui *change de domicile* est tenu, au point de départ et au point d'arrivée, de faire viser son livret individuel par le commandant de la brigade de gendarmerie.

Au lieu d'arrivée, le livret est envoyé au nouveau commandant du bureau de recrutement qui affecte l'homme à l'un des corps de la région et lui renvoie son livret comme ci-dessus. (N°ˢ 22, 23; 86, 2°.)

Dans le cas de transport de domicile *à l'étranger*, c'est au consul français que doit être faite la déclaration d'arrivée.

129. Tout homme de l'une quelconque des réserves qui *change de résidence* ou se déplace pour deux mois et plus, doit aussi faire viser son livret individuel par la gendarmerie.

130. Ces déclarations donnent droit à des délais pour rejoindre en cas d'appel à l'activité ou de convocation pour des manœuvres, et à des dispenses lors de séjour à l'étranger.

131. En cas de perte du *livret individuel,* l'homme doit en faire immédiatement la déclaration à la gendarmerie qui en informe le bureau de recrutement; le commandant fait établir un autre livret par *duplicata* et l'envoie à l'homme.

Hommes à la disposition de l'autorité militaire. —**132.** Nous avons vu (N°ˢ 10, 16) que certains hommes, sans faire partie de la disponibilité proprement dite, restent cependant dans leurs foyers à la disposition de l'autorité militaire. Ce sont, d'après la circulaire du 12 février 1874 :

1° Les jeunes soldats des classes non encore appelées à l'activité depuis le 1ᵉʳ juillet de l'année du tirage jusqu'au jour de l'appel (N°ˢ 48, 49);

2° Les volontaires d'un an et assimilés qui ont obtenu des sursis (N° 75) ;

3° Les jeunes gens classés dans les services auxiliaires;

ils sont soumis en temps de paix à des revues d'appel (N° 46) ;

4° Les jeunes gens laissés dans leurs foyers et les militaires qui y ont été renvoyés, en vertu de décisions ministérielles spéciales ;

5° Les jeunes gens de l'une des trois catégories suivantes, qui sont soumis en temps de paix à des exercices militaires, et qui en cas de mobilisation sont susceptibles d'être versés dans les différents corps de la région :

a. Les dispensés d'activité en temps de paix (N°s 32 à 39),

b. Les dispensés à titre provisoire (N°s 52, 53),

c. Ceux qui ont obtenu un sursis d'appel. (N° 54.)

133. Chacun de ces jeunes gens, à l'exception cependant de ceux de la 1re catégorie, a entre les mains un *titre* constatant sa position au point de vue du recrutement. Ainsi les volontaires d'un an ont leur *sursis de départ*, les hommes des services auxiliaires ont leur *certificat de classement* dans les services auxiliaires de l'armée, et enfin tous les autres ont leur livret individuel ; ceux de la 4e catégorie sont incorporés dans l'un des corps de troupe de l'armée active, mais tous ceux de la 5e sont simplement affectés à une arme, leur corps leur sera désigné ultérieurement ; dans tous les cas, le *livret individuel* porte un ordre de route rempli pour le cas de mobilisation.

Passage dans la réserve de l'armée active. — 134. — La réserve de l'armée active et la disponibilité ne sont pas organisées en corps de troupe spéciaux, comme l'armée active et l'armée territoriale. Tous les hommes qui en font partie sont uniquement destinés à être encadrés dans l'armée active lors d'une mobilisation et pour les grandes manœuvres annuelles. En temps de paix, ils doivent assister pendant les 4 années de réserve à deux manœuvres ou réunions de 4 semaines au plus chacune. Chacun d'eux conserve, du reste, le grade dont il était pourvu dans l'armée active.

135. Pour faciliter la mobilisation, chaque disponible ou réserviste d'infanterie est affecté en principe au régiment d'infanterie de l'armée active stationné dans la subdivision de région de l'homme ; ceux des autres armes sont répartis dans les corps de leur arme les plus voisins. (N° 161.)

136. Le passage dans la réserve a lieu le 30 juin de la 5e année après celle du tirage au sort. Mention en est faite sur les deux livrets de l'homme.

On y reste quatre ans. (V. le tableau de la page 33.)

Cadres d'officiers de réserve. — 137. Il a été créé un cadre d'officiers de réserve servant à titre auxiliaire, qui sont appelés dans l'armée active en cas de mobilisation et lors des manœuvres ; nous l'étudierons dans l'*organisation intérieure de l'armée*. (N°s 231 à 233.)

Passage dans l'armée territoriale. — 138. L'armée territoriale est organisée en corps de troupe comme l'armée active, mais avec cette différence que son recrutement étant régional, elle ne comprend que des hommes domiciliés dans la région. (N°s 234 et suiv.)

139. L'armée territoriale a ses *cadres* en tout temps constitués ; mais elle n'a de cadres permanents et soldés que ceux du personnel administratif annexé au bureau de recrutement dont nous avons déjà parlé. (N° 118).

Elle doit être aussi pourvue des états-majors et personnels administratifs qui lui sont nécessaires.

140. Elle ne peut être réunie pour des manœuvres, exercices ou appels que sur l'ordre de l'autorité militaire.

141. En cas de mobilisation, les corps de troupe de

l'armée territoriale peuvent être affectés à la garnison des places fortes, aux postes et lignes d'étapes, à la défense des côtes, des points stratégiques; ils peuvent aussi être formés en brigades, divisions et corps d'armée destinés à tenir campagne; enfin, ils peuvent être détachés pour faire partie de l'armée active.

Nous étudierons aussi l'organisation intérieure des corps de troupe de l'armée territoriale dans l'*organisation intérieure de l'armée*. (N°s 234 et suiv.)

142. Le *passage dans l'armée territoriale* a lieu le 30 juin de la 9e année après celle du tirage au sort. Mention en est faite sur les deux livrets de l'homme.

On y reste cinq ans.

Les contrôles de l'armée territoriale sont tenus par le personnel administratif permanent. (N°s 210, 3°; 211.)

Passage dans la réserve de l'armée territoriale. — **143.** La réserve de l'armée territoriale est destinée à être encadrée dans cette armée lors d'une mobilisation, en cas d'insuffisance des ressources qu'elle présente. Cette réserve est alors appelée par classe et en commençant par la moins ancienne.

144. Le *passage dans la réserve de l'armée territoriale* a lieu le 30 juin de la 14e année après celle du tirage au sort. Mention en est faite sur les deux livrets de l'homme.

On y reste six ans.

Non-disponibles. — 145. Parmi les hommes des diverses réserves, un certain nombre, en raison de leurs positions spéciales, sont classés comme *non-disponibles*, c'est-à-dire qu'en cas de mobilisation, exercices, manœuvres ou revues, ils sont dispensés de rejoindre immédiatement et ils attendent au poste qu'ils occupent les ordres de l'autorité militaire.

Ce sont, d'après l'article 9 de la loi du 18 novembre 1875 et diverses circulaires :

1° Les hommes employés dans les services publics (postes, télégraphes, douanes, forêts et autres que le ministre de la guerre pourrait désigner) ;

2° Les hommes employés dans les chemins de fer ;

3° Les sapeurs-pompiers des compagnies organisées dans les places fortes. (Nos 163, 181.)

Tous ces hommes reçoivent un *certificat d'inscription sur les contrôles de la non-disponibilité.*

146. Enfin, les fonctionnaires de l'ordre judiciaire et les commissaires de police appartenant à l'armée territoriale sont *dispensés de rejoindre immédiatement.*

Situation des réservistes au point de vue civil et politique. — 147. Nous avons dit (N° 14) que les réservistes de toutes les catégories restent dans leurs foyers après l'expiration de leur temps d'activité ; ils sont entièrement rendus à la vie civile et politique, tout en restant astreints à certaines obligations militaires édictées par la loi du 18 novembre 1875.

Ils peuvent donc *se marier* sans autorisation et prendre part aux *votes politiques.* Les hommes mariés restent soumis aux mêmes obligations que les autres ; cependant celui qui est père de quatre enfants vivants passe immédiatement dans l'armée territoriale, où il achève ses 14 premières des 20 années de service.

Libération définitive du service militaire. — 148. A l'expiration de la 6ᵉ année de réserve dans l'armée territoriale, c'est-à-dire le 30 juin de la 20ᵉ année après le tirage au sort, les hommes sont définitivement libérés de tout service militaire, excepté cependant ceux qui ont été soumis au recrutement en Algérie, qui en cas d'insurrection peuvent être appelés jusqu'à 50 ans.

149. Les militaires *retraités* pour blessures ou *réformés* pour infirmités sont aussi libérés définitivement, mais en général longtemps avant d'avoir achevé 20 ans de service.

150. Mention de la libération définitive est faite sur les deux livrets de l'homme.

Du matériel. — **151.** En dehors des établissements spéciaux destinés à assurer la défense générale du pays et à pourvoir aux services généraux des armées (N° 115), chaque région possède des *magasins généraux* d'approvisionnement dans lesquels se trouvent les armes et munitions, les effets d'habillement, d'armement, de harnachement, d'équipement et de campement nécessaires aux diverses armes qui entrent dans la composition intérieure du corps d'armée. Il y a de même, dans chaque subdivision de région, un ou plusieurs *magasins de subdivision*, pourvus des mêmes objets matériels que les magasins régionaux et alimentés par eux.

152. Pour faciliter la mobilisation, le *matériel roulant* est toujours emmagasiné sur roues.

153. Les *chevaux* et *mulets* qui peuvent être requis en cas de mobilisation partielle ou totale, sont soumis tous les ans, du 1er au 16 janvier, à un *recensement* opéré par les soins du maire de chaque commune.

Du 16 janvier au 1er mars ou du 15 mai au 15 juin, le ministre peut faire procéder au *classement* de ces animaux.

154. Les *voitures* autres que celles exclusivement affectées aux transports des personnes, sont de même soumises à un recensement et à un classement avec tirage au sort tous les trois ans.

155. Le commandant du bureau de recrutement de la subdivision tient le *tableau de classement* des chevaux, juments, mulets et mules, et le *procès-verbal de tirage au sort* des voitures pour sa subdivision. Le maire de chaque commune en tient un double ; il y porte toutes les mutations survenues entre deux classements, et les fait connaître au bureau de recrutement.

156. Le maire fait encore procéder à un recensement de tous les *logements*, *établissements* et *écuries* que les habitants de sa commune peuvent fournir pour le logement et le cantonnement des troupes mobilisées, réunies, détachées, cantonnées, stationnées ou de passage, et des militaires isolés. Ce recensement est communiqué à l'autorité militaire et il peut être revisé en tout ou en partie dans les localités et aux époques fixées par le ministre de la guerre.

§ 2. Mobilisation.

157. La *mobilisation* est l'ensemble de toutes les dispositions nécessaires pour assurer le passage du pied de paix au pied de guerre de toutes les forces militaires du pays : elle consiste à pourvoir les différents services et les corps de troupe du personnel et des animaux de complément, ainsi que du matériel de toute nature dont les uns et les autres ont besoin pour le pied de guerre.

Beaucoup d'instructions relatives à la mobilisation n'ont pas été publiées ; nous nous bornerons donc à des indications générales qui, du reste, rentrent exactement dans le cadre de cette étude d'ensemble.

Mesures préparatoires. — **158.** Toute *l'organisation du temps de paix* est faite pour rendre la mobilisation aussi prompte que possible; nous avons eu plusieurs fois déjà occasion de le montrer.

Ainsi les *divers emplois* dont la mobilisation de l'armée rend la création nécessaire ont en tout temps leurs titulaires désignés d'avance, et tenus autant que possible au courant de la position qui leur est assignée en cas de mobilisation.

159. Le général qui doit prendre le *commandement territorial* d'une région après le départ du corps d'armée mobilisé est toujours désigné d'avance. (N° 167.)

160. Les sections actives des divers états-majors et services administratifs sont formées. (Nᵒˢ 110, 114.)

161. Chaque *régiment d'infanterie* de l'armée active a son dépôt stationné dans le chef-lieu de la subdivision qui lui fournit tous ses disponibles et ses réservistes. (N° 135.) Par exception, les militaires qui sortent d'un corps d'Afrique (zouaves, tirailleurs algériens, chasseurs d'Afrique et spahis) restent affectés à leur ancien corps.

162. Chaque subdivision forme de même *un régiment d'infanterie de l'armée territoriale.* (N° 235.)

163. Des *corps spéciaux* sont formés avec les hommes appartenant à des services régulièrement organisés en temps de paix (douaniers, forestiers, sapeurs-pompiers des places fortes). (N° 145, 1°, 3°.)

164. Les services de la *trésorerie* et des *postes*, des *télégraphes* et des *chemins de fer* sont organisés dès le temps de paix. (Nᵒˢ 219 à 222.)

Ordre de mobilisation. — **165.** L'ordre de mobilisation est donné par le ministre de la guerre, qui l'envoie par le télégraphe aux commandants de corps d'armée, la mobilisation devant s'effectuer par région et subdivision région. Cet ordre indique clairement quel est le premier jour de la mobilisation. Les jours se comptent de minuit à minuit.

166. Dès que le commandant du corps d'armée a reçu l'ordre de mobilisation, il le transmet aux commandants des bureaux de recrutement et aux diverses autorités civiles. Il fait immédiatement procéder à la mobilisation des états-majors, services administratifs et corps de troupe de son corps d'armée.

167. Le général qui doit le remplacer vient aussitôt l'assister et recevoir de lui tous les renseignements nécessaires sur le commandement qu'il doit prendre. (N° 159.)

Rappel des réserves. — **168.** À la réception de l'ordre de mobilisation, le maire de chaque commune fait aussitôt remplir des *affiches de mobilisation* préparées à l'avance et les fait afficher dans sa commune; il en fait aussi donner lecture par voie de *publication sur la voie publique,* de manière à porter le plus tôt possible la mobilisation à la connaissance de tous ses administrés, tant pour le rappel des hommes sous les drapeaux que pour les diverses réquisitions qui peuvent être faites en chevaux, mulets, voitures et locaux recensés. (N°ˢ 153 à 156.)

169. *Chaque homme appartenant à l'une quelconque des réserves* doit immédiatement se conformer aux indications portées sur l'ordre de route complété qui se trouve à la fin de son livret individuel; c'est-à-dire qu'il doit se rendre, sans attendre aucune notification individuelle, à la destination qui lui est assignée, dépôt de son corps ou chef-lieu de sa subdivision de région.

170. Les hommes à la disposition de l'autorité militaire et les non-disponibles attendent seuls pour se mettre en route que le commandant du bureau de recrutement leur ait envoyé leur *ordre d'appel individuel*; ces ordres sont toujours préparés à l'avance. (Nᵒˢ 132, 145, 146.)

Chevaux, voitures, locaux. — 171. Les propriétaires des chevaux, mulets et voitures recensés les font conduire aux lieux déterminés à l'avance; là des commissions mixtes procèdent à la réception et les propriétaires sont indemnisés conformément à la loi sur les réquisitions militaires.

Les animaux et les voitures sont ensuite livrés aux corps d'armée et aux divers services administratifs.

172. Les différents *locaux* recensés sont aussi requis en temps opportun et mis à la disposition de l'autorité militaire.

Mobilisation de l'armée active. — 173. En temps de paix, les différents corps d'armée sont indépendants, mais dès que la mobilisation est ordonnée ils sont réunis par 2, 3 ou 4, pour former plusieurs armées placées chacune sous les ordres d'un général commandant en chef.

174. La mobilisation s'effectue par région et subdivision, par état-major, service administratif et corps de troupe, chaque unité militaire ayant en tout temps son *plan de mobilisation* constamment préparé et tenu à jour.

175. Dans les *corps de troupe,* les disponibles et réservistes sont habillés, armés, équipés dès leur arrivée. Le corps envoie prendre, aux lieux désignés d'avance, les chevaux, mulets et voitures de complément.

176. Dès que le corps est mis complétement sur le pied de guerre, la *partie active* est dirigée sur le point de concentration qui lui est assigné. Le *dépôt* reste à son lieu de garnison habituel.

177. Les hommes rappelés qui se trouvent être en plus des effectifs de guerre forment les *hommes de remplace-*

ment ; ils restent provisoirement au dépôt et sont destinés à remettre les troupes actives au complet du pied de guerre après le début des hostilités.

Ils peuvent aussi, selon les besoins, être envoyés dans les divers corps d'armée autres que celui de leur région. Ils peuvent enfin être formés en compagnies, bataillons, escadrons ou batteries et même en régiments de marche.

Mobilisation de l'armée territoriale. — **178.** L'armée territoriale se mobilise comme l'armée active, en même temps ou postérieurement, selon les circonstances; les hommes de cette armée doivent se rendre directement au lieu qui leur est assigné par l'ordre de route de leur livret individuel et sans prendre les voies ferrées, qui, à ce moment, seront encombrées par le transport des réservistes et disponibles de l'armée active et par le transport du matériel. Ces hommes ont droit au logement dans les gîtes d'étapes.

179. La *réserve de l'armée territoriale* ne doit être appelée qu'en cas de besoin et par classe, en commençant par la moins ancienne.

180. Nous avons dit (N° 141) quel peut être le rôle de l'armée territoriale; lorsqu'elle est mobilisée, elle est soumise aux lois et règlements qui régissent l'armée active et elle lui est assimilée pour la solde et les diverses prestations en nature.

CHAPITRE III.

Section 1re. — Armée active.

L'organisation intérieure de l'armée est régie par la loi du 13 mars 1875, ainsi que par plusieurs décrets.

Nous avons indiqué au chapitre II (N° 102) la composition générale de l'armée active; dans ce 3e chapitre, pour ne pas sortir des limites de cette étude d'ensemble, nous nous bornerons à donner les principaux détails sur son organisation intérieure.

§ 1er. Corps de troupe.

Infanterie. — 181. L'*infanterie* comprend les corps de troupe suivants :

144 *régiments d'infanterie de ligne* (un par subdivision de région ; N° 135) ;

30 *bataillons de chasseurs à pied* (1 par corps d'armée de l'intérieur et 12 en dehors de ces corps ; quelques-uns sont stationnés en Algérie) ;

4 *régiments de zouaves*	
3 *régiments de tirailleurs algériens* ...	Troupes spéciales
1 *légion étrangère*	à
3 *bataillons d'infanterie légère d'A-frique*	l'Algérie.
5 *compagnies de discipline*	

1 *régiment de sapeurs-pompiers de la ville de Paris* ;

Corps militaire des douanes (32 bataillons de 4 à 6 compagnies)................ } Organisés en temps de paix, mais appelés à l'activité en cas de mobilisation seulement. (Nᵒˢ 145, 163.)

Corps des chasseurs forestiers (39 compagnies et 13 sections actives, 28 compagnies et 10 sections territoriales)......

Corps des sap.-pompiers des places fortes.

182. Les 153 *régiments d'infanterie* comprennent chacun 4 bataillons et chaque bataillon a 4 compagnies. Il y a, en outre, un état-major du régiment, un petit état-major, une section hors rang et 2 compagnies de dépôt.

Les régiments de *tirailleurs* n'ont qu'une compagnie de dépôt, la *légion étrangère* n'en a pas. Le régiment de *sapeurs-pompiers* n'a que 2 bataillons de 6 compagnies.

L'*effectif* du régiment d'infanterie sur le pied de paix est de 1,661 hommes et de 16 chevaux d'officiers ; sur le pied de guerre il est de plus de 4,000 hommes et de 23 chevaux d'officiers.

Le *régiment* se décompose en :

1° *Portion active*, comprenant 3 bataillons ;

2° *4ᵉ bataillon et dépôt* (le 4ᵉ bataillon est quelquefois séparé du dépôt).

Les *bataillons de chasseurs* sont à 5 compagnies, dont une de dépôt.

Les *bataillons d'infanterie légère d'Afrique* sont à 6 compagnies.

Cavalerie. — 183. La *cavalerie* comprend les corps de troupe suivants :

12 *régiments de cuirassiers*.
26 *régiments de dragons*....
20 *régiments de chasseurs* ..
12 *régiments de hussards*... } Formant 18 brigades à 2 régiments (1 par corps d'armée) ; Et un certain nombre de brigades et divisions de cavalerie indépendantes (quelques régiments de chasseurs et de hussards sont détachés en Algérie) ;

4 *régiments de chasseurs d'Afrique.* ∤ Troupes spéciales à
3 *régiments de spahis*............. }   l'Algérie ;
19 *escadrons d'éclaireurs volontaires* (1 par corps d'armée),
   constitués en tout temps, mais appelés à l'activité pour les
   manœuvres et la mobilisation seulement ;
8 *compagnies de cavaliers de remonte,* pour les Dépôts de remonte et les Écoles militaires.

184. Les 70 *régiments de l'intérieur* sont à 5 escadrons;
les 7 *régiments d'Afrique* sont à 6 escadrons. Ils comprennent, en outre, un état-major du régiment, un petit
état-major et un peloton hors rang; les *spahis* seuls n'ont
pas de pelolon hors rang.

L'*effectif* d'un régiment à 5 escadrons sur le pied de
paix est de 843 hommes et 740 chevaux; les régiments à
6 escadrons ont 1,051 hommes et 930 chevaux.

Artillerie. — 185. L'*artillerie* comprend les corps de
troupe suivants :

38 *régiments d'artillerie,* formant 19 brigades de 2 régiments
   (1 par corps d'armée, y compris l'Algérie) (N° 186) ;
2 *régiments d'artillerie-pontonniers ;*
10 *compagnies d'ouvriers d'artillerie ;*
3 *compagnies d'artificiers ;*
57 *compagnies du train d'artillerie* (3 par brigade).

186. Le 1ᵉʳ *régiment* de chaque brigade fournit les 4 batteries d'artillerie et les 2 sections de munitions attachées
à chacune des 2 divisions d'infanterie du corps d'armée ;
il se compose de 13 batteries, savoir :

3 batteries à pied ;
8 batteries montées ;
2 batteries montées de dépôt et de sections de munitions.

Le 2ᵉ *régiment* de chaque brigade fournit l'artillerie du
corps d'armée et une batterie à cheval à la division de cavalerie indépendante; il se compose de 13 batteries, savoir:

3 batteries à cheval ;

8 batteries montées ;

2 batteries montées de dépôt et de sections de munitions.

Il y a, en outre, un état-major du régiment, un petit état-major et un peloton hors rang.

L'*effectif d'un régiment* sur le pied de paix est de 1,441 hommes et 645 chevaux de selle ou de trait pour le 1er régiment de la brigade, et de 1,465 hommes et 891 chevaux pour le 2e régiment.

Les *régiments d'artillerie-pontonniers* sont à 14 compagnies ; l'effectif du pied de paix est de 1,521 hommes et 104 chevaux.

L'effectif d'une *compagnie du train d'artillerie* est de 92 hommes et 45 chevaux.

187. Les 40 régiments d'artillerie sont tous stationnés en France.

Le service de l'artillerie *en Algérie* est assuré :

1° Par des batteries à pied détachées des régiments de l'intérieur et dont un certain nombre sont organisées en batteries montées et en batteries de montagne ;

2° Par des compagnies de pontonniers et du train d'artillerie, fournies également par les corps de l'intérieur.

Génie. — 188. Les troupes *du génie* comprennent :

4 *régiments du génie* à 5 bataillons de 4 compagnies de sapeurs-mineurs, attachés aux 4 écoles de l'arme. (N° 213.)

A chacun des 19 corps d'armée correspond un bataillon du génie, qui en porte le numéro et qui rejoint ce corps pour les manœuvres ou en cas de mobilisation. (N° 190.)

189. Chaque *régiment* comprend, en dehors des 5 bataillons, un état-major du régiment, un petit état-major, une compagnie hors rang, une compagnie de dépôt, une compagnie d'ouvriers de chemins de fer, et une compagnie de sapeurs-conducteurs. Les 4 compagnies d'ouvriers de chemins de fer sont rattachées à l'École du génie de Versailles. (N° 222.)

L'*effectif* total du régiment est de 2,719 hommes et 138 chevaux.

190. Le service du génie *en Algérie* est assuré par un certain nombre de compagnies détachées des régiments.

Train des équipages militaires. — **191.** Les troupes du train des équipages militaires comprennent :

20 *escadrons du train des équipages,* tous stationnés en France (1 par corps d'armée et 1 pour Paris). (N° 193.)

192. Chaque escadron est à 3 compagnies.

L'*effectif* de l'escadron est de 276 hommes et 201 chevaux.

193. Le service est assuré *en Algérie* par un certain nombre de compagnies mixtes supplémentaires, rattachées, pour l'administration, aux escadrons de l'intérieur.

Pied de guerre. — **194.** Sur le pied de guerre les troupes de toutes armes ont leurs cadres et leurs effectifs augmentés, conformément à leur plan particulier de mobilisation. Les régiments d'infanterie, de cavalerie, d'artillerie et du génie, le train d'artillerie et le train des équipages, reçoivent des officiers de réserve.

Les compagnies du train d'artillerie et les compagnies du train des équipages sont dédoublées; les nouvelles prenant les numéros *bis* des anciennes.

Les divers services administratifs reçoivent des fonctionnaires commissionnés du cadre de réserve. (N°ˢ 231 à 233.)

§ 2. Personnel de l'état-major général et des services généraux de l'armée.

État-major général. — **195.** L'état-major général de l'armée comprend :

Les *maréchaux de France* (6 en temps de paix et 12 au plus
 en temps de guerre) ;
100 *généraux de division* du cadre d'activité ;
200 *généraux de brigade* du cadre d'activité.

196. Les généraux sont divisés en *deux sections :*
1° celle *d'activité et de disponibilité;* 2° celle de *réserve,*
qui comprend les généraux de division âgés de plus de
65 ans et les généraux de brigade âgés de plus de 62 ans,
ainsi que tous ceux qui, pour cause de santé, ne peuvent
être maintenus dans le cadre actif. En temps de guerre
les généraux du cadre de réserve peuvent être rappelés à
l'activité.

Service d'état-major. — 197. Le service d'état-
major doit être organisé prochainement et remplacer le
corps actuel de l'état-major, qui comprend 400 officiers.

198. Ce service comprendra les *archivistes d'état-major*
actuels, avec une hiérarchie et une organisation nouvelles.

**Corps de l'inspection de l'administration de la
guerre. — 199.** Ce corps doit être créé prochainement
par la loi sur l'administration de l'armée. Il sera chargé
d'exercer le contrôle, qui est actuellement confié au corps
de l'intendance militaire.

§ 3. Personnel des états-majors et des services particuliers.

État-major particulier de l'artillerie. — 200. L'é-
tat-major de l'artillerie compte dans l'arme de l'artillerie,
mais est chargé d'un service spécial. Il est divisé en :

1° *Partie active,* attachée aux corps
 d'armée......................
2° *Partie territoriale,* attachée au $\Big\}$ 284 officiers.
 territoire. (N° 160.) ....

201. Il a pour auxiliaires et sous ses ordres :

Les *gardes d'artillerie*, au nombre de 540 ;
Les *contrôleurs d'armes*, au nombre de 160 ;
Les *ouvriers d'état*, au nombre de 210 ;
Les *gardiens de batterie*, au nombre de 260.

État-major particulier du génie. — **202.** L'état-major du génie compte dans l'arme du génie, mais est chargé d'un service spécial. Il se divise aussi en :

1º *Partie active*, attachée aux corps d'armée......................
2º *Partie territoriale*, attachée au territoire. (Nº 160.)...........
} 486 officiers.

203. Il a pour auxiliaires et sous ses ordres :

Les *adjoints du génie*, au nombre de 570 ;
Les *ouvriers d'état*, au nombre de 6 ;
Les *portiers-consignes*, au nombre de 292.

Intendance militaire (¹). — **204.** 298 *fonctionnaires*.

Corps de santé militaire (¹). — **205.** 1,147 *médecins* et 159 *pharmaciens*.

Officiers d'administration (¹). — **206.** Divisés en 4 sections :

Bureaux de l'intendance	500 officiers.
Hôpitaux........................	325 —
Subsistances	360 —
Habillement et campement	80 —

Sections de secrétaires d'état-major et du recrutement. — **207.** Il y a 20 sections de secrétaires : 1 dans chaque corps d'armée en France, 1 à Paris et 1 à Alger.

(¹) Ces divers corps sont divisés chacun en *section active* et *section territoriale*. (Nº 160.)

Ils doivent être réorganisés par la prochaine loi sur l'administration de l'armée.

Elles sont commandées par les commandants des bureaux de recrutement des chefs-lieux de corps d'armée.

Sections de commis et ouvriers militaires d'administration. — 208. Il y a 25 sections de commis et ouvriers : 1 dans chaque corps d'armée en France, 3 à Paris, 1 à Lyon et 3 en Algérie. Elles sont commandées par des officiers d'administration du service des subsistances.

Sections d'infirmiers militaires.—209. Il y a 25 sections d'infirmiers : 1 dans chaque corps d'armée en France, 3 à Paris, 1 à Lyon et 3 en Algérie. Elles sont commandées par des officiers d'administration du service des hôpitaux.

Service du recrutement et de la mobilisation. — 210. Nous avons déjà dit (N° 117) qu'il y a 155 bureaux de recrutement. Chaque *bureau* se compose de :

1° *Un officier supérieur*, commandant du bureau ;

2° *Un personnel administratif spécial au recrutement, à la mobilisation et aux réquisitions*, comprenant : 1 capitaine ; 1 lieutenant ou sous-lieutenant; 3 sous-officiers; 1 caporal ou brigadier ;

3° *Un personnel administratif spécial à l'infanterie de l'armée territoriale*, comprenant : le capitaine-major du régiment d'infanterie de l'armée territoriale de la subdivision ; 1 lieutenant ou sous-lieutenant adjoint marchant avec les bataillons actifs, en cas de mobilisation, et y remplissant l'emploi de trésorier ; 1 sous-officier.

211. En outre, il y a au chef-lieu de chaque région un *personnel administratif spécial à l'ensemble des troupes de l'armée territoriale autres que l'infanterie*, et comprenant :

1 capitaine-major ;

1 lieutenant ou sous-lieutenant adjoint ;

2 sous-officiers.

Dépôts de remonte. — 212. Ils sont divisés en 4 *cir-*

conscriptions, comprenant chacune de 3 à 5 dépôts; en tout 17 *dépôts* en France et 3 en Algérie.

Écoles militaires. — **213.** Elles comprennent :

L'*École militaire supérieure* (à Paris) ;
Le *Prytanée militaire* (à La Flèche) ;
L'*École polytechnique* (à Paris) ;
L'*École spéciale militaire* (à Saint-Cyr) ;
L'*École d'application de l'artillerie et du génie* (à Fontaine-bleau) ;
L'*École d'application de cavalerie* (à Saumur) ;
L'*École de médecine et de pharmacie militaires* (à Paris) ;
L'*École d'administration* (à Vincennes) ;
L'*École normale de gymnastique* (à Joinville-le-Pont) ;
Les 4 *Écoles régionales de tir* (aux camps de Châlons, du Ruchard, de la Valbonne et à Blidah) ;
Les 19 *Écoles d'artillerie* (une par corps d'armée) ;
L'*École centrale de pyrotechnie militaire* (à Bourges) ;
Les 4 *Écoles régimentaires du génie* (à Versailles, Arras, Montpellier et Grenoble) ;
Les *Écoles régimentaires,* dans chaque corps de troupe ;
L'*École des sous-officiers d'infanterie* (au camp d'Avord) ;
L'*École d'essai des enfants de troupe* (à Rambouillet).

Justice militaire. — **214.** Ce service comprend :

1º Les *parquets* et les *greffes* des conseils de guerre et de révision (il y a un ou plusieurs conseils de guerre par région; en tout 36, dont 3 à Paris, 2 à Lyon et 6 en Algérie; il y a 1 conseil de révision à Paris, 1 à Lyon, 1 à Alger et 1 à Constantine) ;
2º Les *établissements pénitentiaires* et les *prisons militaires.*

215. Les membres des parquets sont des officiers de l'armée ou des sous-intendants militaires en activité ou en retraite.

216. Les greffiers forment le corps des *officiers d'administration greffiers de la justice militaire;* ils sont au nombre de 42.

Les établissements pénitentiaires sont commandés par

des officiers de l'armée ou des agents principaux, et la comptabilité en est confiée à des *officiers d'administration comptables de la justice militaire,* au nombre de 26.

Aumôniers militaires. — 217. Organisés par la loi du 20 mai 1874. Ils sont attachés aux *garnisons* et aux *hôpitaux;* en cas de mobilisation, ils sont aussi attachés *aux troupes actives.* Il y en a 50 environ.

Vétérinaires militaires. — 218. Ils sont attachés aux *corps de troupe à cheval* et aux *dépôts de remonte.* Il y en a 419.

Service de la trésorerie et des postes aux armées. — 219. Ce service est confié à des agents des finances. Il est organisé en tout temps, mais il n'est appelé à l'activité qu'en cas de mobilisation ou pour des manœuvres. Il est recruté parmi les agents des finances soumis au service militaire par leur âge ou volontaires.

Service de la télégraphie militaire. — 220. Ce service est confié à des agents de l'administration des télégraphes. Il est organisé en tout temps à raison d'*une section par corps d'armée,* mais il n'est appelé à l'activité qu'en cas de mobilisation ou pour des manœuvres. Il est alors placé sous les ordres des chefs d'état-major des armées, corps d'armée et divisions. Il comprend :

Un service de marche ou de première ligne........ Un service d'étapes ou de deuxième ligne .... formés avec les agents ordinaires de l'administration des télégraphes soumis au service militaire par leur âge ou volontaires.

Un service territorial ou de troisième ligne, formé avec les autres agents de l'administration.

Service des chemins de fer. — 221. Ce service est organisé en tout temps. Il est sous la direction générale d'une *commission supérieure des chemins de fer*, instituée d'une manière permanente au ministère de la guerre, et comprenant des membres militaires et des membres civils. Cette commission a sous ses ordres des *commissions de ligne* et des *commissions d'étapes*.

Les grandes compagnies de chemins de fer organisent, dès le temps de paix, des *sections techniques d'ouvriers de chemins de fer de campagne*, dont le personnel est recruté parmi leurs agents et employés soumis au service militaire par leur âge ou volontaires.

Il y a 8 sections d'ouvriers de chemins de fer.

222. Le service des chemins de fer comprend, en cas de mobilisation :

Le *service en deçà de la base d'opérations*, qui est préparé, dirigé et surveillé par la commission supérieure, et dont l'exécution est confiée aux diverses compagnies requises à cet effet et au moyen de leurs ressources ordinaires ;

Le *service au delà de la base d'opérations*, qui est dirigé par une *direction militaire des chemins de fer* placée à l'état-major général de chaque armée, et dont l'exécution est assurée par des *commissions de chemins de fer de campagne*.

Les présidents de ces commissions ont sous leurs ordres :

Les *commandants militaires d'étapes* établis sur les voies ferrées (n° 141) ;

Un personnel d'exécution comprenant :

1° Les compagnies d'ouvriers de chemins de fer des régiments du génie (n° 189) ;

2° Les sections d'ouvriers de chemins de fer des diverses compagnies (n° 221).

Interprètes militaires. — **223.** Ce service, spécial à l'Algérie, est organisé en tout temps.

Il comprend 75 interprètes.

Affaires indigènes. — **224.** Ce service, spécial à l'Algérie, est organisé en tout temps; il comprend les affaires arabes et les commandements de cercles militaires Il est confié à des officiers, sous-officiers, caporaux et soldats de l'armée et aux interprètes.

§ 4. Autres corps ou services.

Gendarmerie. — **225.** Le corps de la gendarmerie comprend :

La *gendarmerie départementale*, se composant de 30 légions, subdivisées en 87 compagnies (1 par département et 2 en Corse) ;

La *gendarmerie d'Afrique*, formée de 1 légion à 4 compagnies ;

La *gendarmerie mobile*, formée de 1 légion (8 compagnies d'infanterie et 1 escadron de cavalerie), à Versailles ;

La *garde républicaine*, formée de 1 légion (3 bataillons d'infanterie à 8 compagnies et 3 divisions de cavalerie à 2 escadrons), à Paris ;

La *gendarmerie coloniale*, formée de 4 compagnies et 5 détachements.

Sapeurs-pompiers de la ville de Paris. — **226.** Ce corps, qui fait partie de l'arme de l'infanterie, comprend un régiment de 2 bataillons à 6 compagnies. (N° 182.)

État-major des places. — **227.** Ce corps, comprenant des officiers supérieurs et subalternes, sera supprimé par voie d'extinction. Il ne compte plus que 50 officiers.

Invalides de la guerre. — **228.** Les invalides de la guerre ne sont plus qu'au nombre d'environ 500. Ils occupent à Paris un hôtel dans lequel peuvent être admis, à certaines conditions, les militaires retraités de tous grades.

Services auxiliaires de l'armée. — 229. Nous avons vu que les jeunes gens qui ne sont ni exemptés, ni ajournés, mais que leur complexion trop faible empêche d'affecter à un service actif, sont classés dans l'un des services auxiliaires de l'armée. (N°ˢ 15, 46, 267.)

Ces services sont au nombre de huit et les jeunes gens y sont classés dans les proportions suivantes, savoir :

1er *service.* — Travaux de fabrication, d'entretien et de réparation du matériel militaire de toute nature, 12 p. 100.

2e *service.* — Travaux relatifs aux fortifications et aux bâtiments militaires, 16 p. 100.

3e *service.* — Travaux concernant la construction, la réparation et l'exploitation des voies ferrées et des lignes télégraphiques, 12 p. 100.

4e *service.* — Hôpitaux et ambulances, 13 p. 100.

5e *service.* — Magasins d'habillement, d'équipement, de harnachement et de campement, 21 p. 100.

6e *service.* — Subsistances, manutentions, magasins, 16 p. 100.

7e *service.* — Transports militaires, 5 p. 100.

8e *service.* — Bureaux des états-majors, du recrutement, de l'administration et des dépôts des différents corps de troupe, 5 p. 100.

Service des poudres et salpêtres. — 230. Corps d'ingénieurs civils placés sous l'autorité directe du ministre de la guerre.

Il y a 36 ingénieurs et des élèves-ingénieurs.

§ 5. Officiers de réserve.

231. Le *cadre des officiers de réserve* est destiné à fournir à toutes les armes et à tous les services, dans les corps d'armée, le personnel de complément nécessaire à la mobilisation de l'armée active. Ce cadre comprend les officiers généraux du cadre de réserve et les officiers généraux en

retraite qui en font la demande, ainsi que des officiers des autres grades.

232. Le *recrutement des officiers de réserve* a lieu au moyen de nominations faites, par le chef de l'État, parmi les catégories suivantes :

1o Officiers retraités d'après la loi du 22 juin 1878..............

Doivent servir dans la réserve ou l'armée territoriale pendant 5 ans après leur mise à la retraite; conservent leur ancien grade ou obtiennent un grade supérieur;

2o Officiers retraités à 25 ans de service.....................
3o Autres officiers en retraite, sur leur demande...............
4o Officiers démissionnaires, sur leur demande...............

Doivent avoir l'aptitude physique et les qualités morales nécessaires; ils conservent leur ancien grade;

5o Anciens élèves des Écoles polytechnique et forestière. (No 145.)...............
6o Volontaires d'un an, après leur deuxième année. (No 83.)....
7o Anciens officiers de l'ex-garde mobile, ayant subi un examen spécial.....................
8o Anciens officiers d'administration auxiliaires, après examen.
9o Disponibles et réservistes, qui sont médecins, pharmaciens de 1re classe ou vétérinaires..
10o Anciens sous-officiers de l'armée active passés dans la disponibilité ou la réserve, et qui ont été signalés spécialement par leurs chefs de corps.
11o Anciens sous-officiers de l'ex-garde-mobile, après examen.

Ne peuvent obtenir d'abord que le grade de sous-lieutenant ou une commission équivalente; --- ne peuvent jamais dépasser le grade de capitaine.

233. L'*état des officiers* de réserve et leur *avancement* seront fixés par des lois futures. Il y a été pourvu transitoirement par un décret du 31 août 1878. (N°* 325 à 349.)

Les *règles de discipline* les concernant sont déterminées par le ministre de la guerre.

A grade égal, le *commandement* appartient aux officiers et fonctionnaires de l'armée active.

Ils ne peuvent porter leur *uniforme* que dans le service ou pour des convocations officielles (¹).

Lorsqu'ils sont *appelés à l'activité*, les officiers de réserve jouissent de tous les avantages de solde, prestations, honneurs, etc., attribués aux officiers de leur grade dans l'armée active.

234. *A l'expiration de leur temps de réserve*, c'est-à-dire après leurs neuf années de service, les officiers de réserve désignés au n° 232, 4° à 11°, passent avec leur grade dans l'armée territoriale, ou bien ils sont maintenus, sur leur demande, dans le cadre des officiers de réserve, jusqu'à la limite-fixée pour les officiers de l'armée territoriale. (N° 248.) Il en est de même des autres officiers de réserve.

Section 2. — Armée territoriale.

Organisation. — **235.** L'*armée territoriale* se compose de tous les hommes ayant plus de 9 ans et moins de 20 ans de service. (N°* 138 à 142.) Elle comprend des troupes de toutes armes.

Elle est organisée en tout temps par subdivision de région pour l'infanterie, et sur l'ensemble de la région pour les autres armes, avec les hommes domiciliés dans la

---

(¹) L'*uniforme* des officiers de réserve est exactement le même que celui des officiers de l'armée active.

subdivision ou dans la région. Son recrutement est donc complétement régional. (N° 126.)

236. Les *cadres* sont les mêmes que ceux des unités correspondantes de l'armée active ; mais les régiments sont commandés par des lieutenants-colonels et il y a pour l'infanterie un *personnel administratif spécial*, attaché au bureau de recrutement de la subdivision, et pour les autres armes un autre personnel administratif spécial ; ce sont les *seuls cadres permanents et soldés* de l'armée territoriale. (N°ˢ 210, 3°; 211, 245 à 247.)

Infanterie. — **237.** Chaque subdivision de région fournit un *régiment territorial d'infanterie* à 3 bataillons de 4 compagnies, avec un cadre de compagnie de dépôt organisé de manière à pouvoir fournir une section de dépôt à chaque bataillon. (N° 161.)

Par exception, la subdivision d'*Aix* fournit 2 régiments ; il y a en tout 145 régiments d'infanterie pour la France et pour l'Algérie : 8 *bataillons territoriaux de zouaves*, 1 *bataillon territorial de chasseurs à pied* et une *compagnie territoriale de chasseurs à pied*.

Cavalerie. — **238.** La cavalerie de chaque région comprend, selon les ressources en chevaux du territoire :

Un *régiment territorial de cavalerie*, formé avec d'anciens cavaliers ; ceux qui n'en font pas partie peuvent être répartis dans les autres services ; chaque régiment comprend des escadrons de dragons et des escadrons de hussards ou de chasseurs ;

Des *escadrons de cavaliers volontaires*, formés avec les hommes qui s'engagent à se monter et à s'équiper à leurs frais.

Il y a en Algérie *4 escadrons territoriaux de chasseurs d'Afrique*.

Artillerie. — **239.** L'artillerie de chaque région comprend :

1 *régiment territorial d'artillerie*, organisé comme ceux de l'armée active, mais commandé par un lieutenant-colonel et formé, pour un tiers au moins, d'anciens soldats de l'artillerie ;

Des *compagnies territoriales du train d'artillerie*.

L'Algérie fournit 13 *batteries territoriales*.

240. Dans le département du Nord, les compagnies de canonniers sédentaires et de canonniers vétérans font partie de l'artillerie de l'armée territoriale et sont affectées de préférence aux places du Nord.

Génie. — **241.** Le génie de chaque région comprend :

Un *bataillon territorial du génie*, formé, pour un tiers au moins, d'anciens soldats du génie.

Train des équipages. — **242.** Le train des équipages de chaque région comprend :

Un *escadron territorial du train*.

Services administratifs. — **243.** Ils seront déterminés par le ministre de la guerre.

Officiers des divers états-majors. — **244.** En dehors des cadres appartenant aux différents corps de troupe, l'organisation de l'armée territoriale comporte un certain nombre d'officiers des différentes armes, lesquels sont *adjoints*, en cas de mobilisation, aux commandements des places, aux commandements des étapes, aux états-majors de l'intérieur et à ceux des corps d'armée, divisions et brigades constitués avec les troupes de cette armée. Le nombre et la nature de ces emplois sont déterminés par le ministre de la guerre, selon les besoins de la mobilisation et de la défense du territoire.

Cadres. — **245.** Les cadres de *caporaux, brigadiers* et *sous-officiers* de l'armée territoriale sont nommés par le général commandant le corps d'armée.

246. Les cadres d'*officiers* sont nommés par le chef de l'État, parmi les catégories suivantes :

1° Officiers démissionnaires ou en retraite (n° 232, 1° à 4°) ;

2° Officiers de réserve, ayant accompli neuf ans d'activité ou de réserve (n° 234);

3° Anciens sous-officiers de réserve et volontaires d'un an, après examen ; ils ne sont d'abord nommés que sous-lieutenants.

247. L'*état des officiers* de l'armée territoriale et leur *avancement* seront fixés par des lois futures. Il y a été pourvu transitoirement par le décret du 31 août 1878. (N° 350.)

Les *relations hiérarchiques* seront fixées par un règlement spécial.

A grade égal, le *commandement* appartient aux officiers de l'armée active.

Ils ne peuvent porter leur *uniforme* que dans le service ou pour des convocations officielles (¹).

Lorsqu'ils sont *appelés à l'activité*, les officiers de l'armée territoriale jouissent de tous les avantages de solde,

---

(¹) *L'uniforme de l'armée territoriale* est le même pour chaque corps que celui du corps correspondant de l'armée active, à cette seule exception que tous les numéros du collet sont blancs dans l'armée territoriale. Les officiers de cette armée portent au collet une boutonnière en galon d'or ou d'argent (selon le corps) avec un petit bouton d'uniforme.

prestations, honneurs, etc., attribués aux officiers de leur grade dans l'armée active.

248. Les officiers de l'armée territoriale désignés au nº 246, 2º et 3º, achèvent leurs vingt années de service comme les hommes de leur classe. Cependant ils peuvent, sur leur demande, y être maintenus jusqu'à 60 ans pour les officiers subalternes et 65 ans pour les officiers supérieurs. Il en est de même des autres officiers de l'armée territoriale.

Réserve de l'armée territoriale. — 249. Nous avons indiqué au nº 143 les conditions dans lesquelles se trouvent les hommes de la réserve de l'armée territoriale.

État actuel de l'armée territoriale. — 250. L'organisation de l'armée territoriale n'est pas encore complétement effectuée ; des lois et règlements doivent y pourvoir.

Diverses considérations, et principalement des difficultés budgétaires, ont retardé l'organisation définitive de cet utile complément de nos forces militaires actives. Mais cet état transitoire va cesser bientôt. L'autorité militaire a appelé à des exercices, au printemps de 1878, la moitié des deux classes de 1866 et 1867 faisant partie de l'armée territoriale. En 1879 on appellera le reste de ces deux classes. En 1880 et 1881 on exercera de même les classes de 1868 et 1869, et ainsi de suite jusqu'à ce que le principe du service obligatoire, appliqué à toutes les classes du contingent, ait fait à peu près disparaître la catégorie, nombreuse aujourd'hui, des hommes n'ayant jamais appartenu à l'armée active. A cette époque on pourra convoquer une classe entière.

TABLEAU

INDIQUANT

LA DIVISION DE LA FRANCE

EN RÉGIONS ET SUBDIVISIONS DE RÉGION

AINSI QUE LES

CIRCONSCRIPTIONS DE RECRUTEMENT DES RÉGIMENTS D'INFANTERIE

DE L'ARMÉE TERRITORIALE [1]

Ire RÉGION. — Ch.-l , LILLE.

Comprend les dép. du Nord et du Pas de-Calais.

1re Subd. à LILLE. — 1er R. T.

Dép. du Nord. — Arr. Lille.

2e Subd. à VALENCIENNES. — 2e R. T.

Dép. du Nord. — Arr. Valenciennes.

3e Subd. à CAMBRAI. — 3e R. T.

Dép. du Nord.—Arr. Douai, Cambrai (c. Cambrai [est et ouest],
Marcoing, Solesmes et Carnières).

4e subd. à AVESNES. — 4e R T.

Dép. du Nord. — Arr. Avesnes, Cambrai (c. Clary et Le Cateau).

---

[1]. *Abréviations:* Ch.-l., chef-lieu; dép., départements; arr., arrondissements; c., cantons; subd , subdivision; R. T., régiment territorial d'inf nterie.

5e Subd. à ARRAS. — 5º R. T.

Dép. du Pas-de-Calais. — Arr. Arras.

6e Subd. à BÉTHUNE. — 6º R. T.

Dép. du Pas-de-Calais. — Arr. Béthune, Saint-Pol.

7e Subd. à SAINT-OMER. — 7e R. T.

Dép. du Pas-de-Calais. — Arr. St-Omer, Boulogne, Montreuil.

8e Subd. à DUNKERQUE. — 8e R. T.

Dép. du Nord. — Arr. Dunkerque, Hazebrouck.

IIe RÉGION. — Ch.-l., AMIENS.

Comprend les dép. de l'Aisne, de l'Oise, de la Somme, de Seine-et-Oise (arr. de Pontoise) et de la Seine (c. de Saint-Denis et de Pantin, 10e, 19e et 20e arr. de Paris).

1re subd. à SOISSONS. — 9e R. T.

Dép. de l'Aisne. — Arr. Soissons, Château-Thierry.

Dép. de Seine-et-Oise. — Arr. Pontoise (c. Écouen, Gonesse).

Dép. de la Seine. — Fraction des c. de Saint-Denis et Pantin et des 10e, 19e et 20e arr. de Paris. (22 p. 100.)

2e Subd. à SAINT-QUENTIN. — 10e R. T.

Dép. de l'Aisne. — Arr. Saint-Quentin, Vervins.

3e Subd. à BEAUVAIS. — 11e R. T.

Dép. de l'Oise. — Arr. Beauvais, Clermont.

Dép. de Seine-et-Oise. — Arr. Pontoise (c. Marines).

Dép. de la Seine. — Fraction des c. de Saint-Denis et de Pantin et des 10e, 19e et 20e arr. de Paris. (10 p. 100.)

4e Subd. à AMIENS. — 12e R. T.

Dép. de la Somme. — Arr. Amiens.

Dép. de Seine-et-Oise. — Arr. Pontoise (c. Isle-Adam et Pontoise).

Dép. de la Seine. — Fraction des c. de Saint-Denis, de Pantin et des 10e, 19e et 20e arr. de Paris. (18 p. 100.)

5e Subd. à COMPIÈGNE. — 13e R. T.

Dép. de l'Oise. — Arr. Compiègne, Senlis.

Dép. de Seine-et-Oise. — Arr. Pontoise (c. Luzarches et Montmorency). .

Dép. de la Seine. — Fraction des c. de Saint-Denis et de Pantin et des 10e, 19e et 20e arr. de Paris. (10 p. 100.)

6e Subd. à ABBEVILLE. — 14e R. T.

Dép. de la Somme. — Arr. Abbeville, Doullens.

Dép. de la Seine. — Fraction des c. de Saint-Denis et de Pantin et des 10e, 19e et 20e arr. de Paris. (10 p. 100.)

7e Subd. à LAON. — 15e R. T.

Dép. de l'Aisne. — Arr. Laon.

Dép. de la Seine. — Fraction des c. de Saint-Denis et de Pantin et des 10e, 19e et 20e arr. de Paris. (15 p. 100.)

8e Subd. à PÉRONNE. — 16e R. T.

Dép. de la Somme. — Arr. Péronne, Montdidier.

Dép. de la Seine. — Fraction des c. de Saint-Denis et de Pantin et des 10e, 19e et 20e arr. de Paris. (15 p. 100.)

IIIe RÉGION. — Ch.-l., ROUEN.

Comprend les dép. du Calvados, de l'Eure, de la Seine-Inférieure, de Seine-et-Oise (arr. de Mantes et de Versailles) et de la Seine (c. de Courbevoie et de Neuilly, 1er, 7e, 8e, 9e, 15e, 16e, 17e et 18e arr. de Paris).

1re Subd. à BERNAY. — 17e R. T.

Dép. de l'Eure. — Arr. Pont-Audemer, Bernay.

Dép. de Seine-et-Oise. — Arr. Versailles (c. Marly, Versailles [nord, ouest et sud]).

Dép. de la Seine. — Fraction des c. de Courbevoie et de Neuilly et des 1er, 7e, 8e, 9e, 15e, 16e, 17e et 18e arr. de Paris. (12 p. 100.)

2e Subd. à ÉVREUX. — 18e R. T.

Dép. de l'Eure. — Arr. Évreux.

Dép. de Seine-et-Oise. — Arr. Mantes et Versailles (c. Meulan, Poissy).

Dép. de la Seine. — Fraction des c. de Courbevoie et de Neuilly et des 1er, 7e, 8e, 9e, 15e, 16e, 17e et 18e arr. de Paris. (14 p. 100.)

3e Subd. à FALAISE. — 19e R. T.

Dép. du Calvados. — Arr. Vire, Falaise.

Dép. de la Seine. — Fraction des c. de Courbevoie et de Neuilly et des 1er, 7e, 8e, 9e, 15e, 16e, 17e et 18e arr. de Paris. (22 p. 100.)

4e Subd. à LISIEUX. — 20e R. T.

Dép. du Calvados. — Arr. Pont-l'Évêque, Lisieux.

Dép. de la Seine. — Fraction des c. de Courbevoie et de Neuilly et des 1er, 7e, 8e, 9e, 15e, 16e, 17e et 18e arr. de Paris. (26 p. 100.)

5e Subd. à ROUEN (nord). — 21e R. T.

Dép. de la Seine-Inférieure. — Arr. Rouen (moins les c. de Boos, Grand-Couronne, Elbeuf et Rouen [rive gauche]). Dieppe, Neufchâtel.

Dép. de Seine-et-Oise. — Arr. Versailles (c. Argenteuil, Saint-Germain).

6e Subd. à ROUEN (sud). — 22e R. T.

Dép. de la Seine-Inférieure. — Arr. Rouen (c. Boos, Grand-Couronne, Elbeuf et Rouen [rive gauche]).

Dép. de l'Eure. — Arr. Les Andelys, Louviers.

Dép. de Seine-et-Oise. — Arr. Versailles (c. Sèvres, Palaiseau).

Dép. de la Seine. — Fraction des c. de Courbevoie et de Neuilly et des 1er, 7e, 8e, 9e, 15e, 16e, 17e et 18e arr. de Paris. (8 p. 100.)

7e Subd. à **CAEN**. — 23e **R. T.**

Dép. du Calvados. — Arr. Caen, Bayeux.

Dép. de la Seine. — Fraction des c. de Courbevoie et de Neuilly et des 1er, 7e, 8e, 9e, 15e, 16e, 17e et 18e arr. de Paris. (13 p. 100.)

8e Subd. au **HAVRE**. — 24e **R. T.**

Dép. de la Seine-Inférieure. — Arr. Le Havre, Yvetot.

Dép. de la Seine. — Fraction des c. de Courbevoie et de Neuilly et des 1er, 7e, 8e, 9e, 15e, 16e, 17e et 18e arr. de Paris. (5 p. 100.)

IVe RÉGION. — Ch.-l., LE MANS.

Comprend les dép. d'Eure-et-Loir, de la Mayenne, de l'Orne, de la Sarthe, de Seine-et-Oise (arr. de Rambouillet) et de la Seine (c. de Villejuif et de Sceaux, 4e, 5e, 6e, 13e et 14e arr. de Paris).

1re Subd. à **LAVAL**. — 25e **R. T.**

Dép. de la Mayenne. — Arr. Château-Gontier, Laval (moins le c. de Chailland).

Dép. de la Seine. — Fraction des c. de Villejuif et de Sceaux et des 4e, 5e, 6e, 13e et 14e arr. de Paris. (8 p. 100.)

2e Subd. à **MAYENNE**. — 26e **R. T.**

Dép. de la Mayenne. — Arr. Mayenne, Laval (c. de Chailland).

Dép. de la Seine. — Fraction des c. de Villejuif et de Sceaux et des 4e, 5e, 6e, 13e et 14e arr. de Paris. (5 p. 100.)

3e Subd. à **MAMERS**. — 27e **R. T.**

Dép. de la Sarthe. — Arr. Mamers, Saint-Calais (moins le c. de Château-du-Loir), Le Mans (c. Ballon, Montfort et 3e c. du Mans).

Dép. de la Seine. — Fraction des c. de Villejuif et de Sceaux et des 4e, 5e, 6e, 13e et 14e arr. de Paris. (5 p. 100.)

4e Subd. au **MANS**. — 28e **R. T.**

Dép. de la Sarthe. — Arr. La Flèche, Le Mans (1er et 2e c. du

Mans, Sillé, Conlie, Loué, La Suze, Écommoy), Saint-Calais (c. de Château-du-Loir).

Dép. de la Seine. — Fraction des c. de Villejuif et de Sceaux et des 4e, 5e, 6e, 13e et 14e arr. de Paris. (6 p. 100.)

5e Subd. à DREUX. — 29e R. T.

Dép. d'Eure-et-Loir. — Arr. Chartres (c. Chartres [nord], Courville et Maintenon), Nogent-le-Rotrou, Dreux.

Dép. de Seine-et-Oise. — Arr. Rambouillet (c. Chevreuse, Montfort-l'Amaury, Rambouillet).

Dép. de la Seine. — Fraction des c. de Villejuif et de Sceaux et des 4e, 5e, 6e, 13e et 14e arr. de Paris. (18 p. 100)

6e Subd. à CHARTRES. — 30e R. T.

Dép. d'Eure-et-Loir. — Arr. Châteaudun, Chartres (c. Chartres [sud], Auneau, Illiers, Voves, Janville).

Dép. de Seine-et-Oise. — Arr. Rambouillet (c. Dourdan [nord et sud], Limours).

Dép. de la Seine. — Fraction des c. de Villejuif et de Sceaux et des 4e, 5e, 6e, 13e et 14e arr. de Paris. (18 p. 100.)

7e Subd. à ALENÇON. — 31e R. T.

Dép. de l'Orne. — Arr. Alençon, Mortagne.

Dép. de la Seine. — Fraction des c. de Villejuif et de Sceaux et des 4e, 5e, 6e, 13e et 14e arr. de Paris. (25 p. 100.)

8e Subd. à ARGENTAN. — 32e R. T.

Dép. de l'Orne. — Arr. Argentan, Domfront.

Dép. de la Seine. — Fraction des c. de Villejuif et de Sceaux et des 4e, 5e, 6e, 13e et 14e arr. de Paris. (15 p. 100.)

Ve RÉGION. — Ch.-l., ORLÉANS.

Comprend les dép. du Loiret, de Loir-et-Cher, de Seine-et-Marne, de l'Yonne, de Seine-et-Oise (arr. d'Étampes et de Corbeil) et de la Seine (c. de Charenton et de Vincennes, 2e, 3e, 11e et 12e arr. de Paris).

1re Subd. à SENS. — 33e R. T.

Dép. de l'Yonne. — Arr. Sens, Joigny (c. Cerisiers, Villeneuve-sur-Yonne, Brienon et Joigny).

Dép. de Seine-et-Oise. — Arr. Corbeil (c. Arpajon, Longjumeau).

Dép. de la Seine. — Fraction des c. de Charenton et de Vincennes et des 2e, 3e, 11e et 12e arr. de Paris). (28 p. 100.)

2e Subd. à FONTAINEBLEAU. — 34e R. T.

Dép. de Seine-et-Marne. — Arr. Fontainebleau, Provins.

Dép. de Seine et-Oise. — Arr. Corbeil (c Corbeil).

Dép. de la Seine. — Fraction des c. de Charenton et de Vincennes et des 2e, 3e, 11e et 12e arr. de Paris. (20 p. 100.)

3e Subd. à MELUN. — 35e R. T.

Dép. de Seine-et-Marne. — Arr. Melun, Coulommiers (c. Rozoy).

Dép. de Seine-et-Oise. — Arr. Étampes.

Dép. de la Seine. — Fraction des c. de Charenton et de Vincennes et des 2e, 3e, 11e et 12e arr. de Paris. (34 p. 100.)

4e Subd. à COULOMMIERS. — 36e R. T.

Dép. de Seine-et-Marne. — Arr. Meaux, Coulommiers (moins le c. de Rozoy).

Dép. de Seine-et-Oise. — Arr. Corbeil (c. Boissy-Saint-Léger).

Dép. de la Seine. — Fraction des c. de Charenton et de Vincennes et des 2e, 3e, 11e et 12e arr. de Paris. (18 p. 100.)

5e Subd. à AUXERRE. — 37e R. T.

Dép. de l'Yonne. — Arr. Auxerre, Avallon, Tonnerre.

6e Subd. à MONTARGIS. — 38e R. T.

Dép. du Loiret. — Arr. Montargis, Gien.

Dép. de l'Yonne. — Arr. Joigny (c. Saint-Julien, Charny, Aillant, Bléneau et Saint-Fargeau).

7e Subd. à BLOIS. — 39e R. T.

Dép. de Loir-et-Cher.

8e Subd. à ORLÉANS. — 40e R. T.

Dép. du Loiret. — Arr. Orléans, Pithiviers.

VIe RÉGION. — Ch.-l., CHALONS-SUR-MARNE.

Comprend les dép. des Ardennes, de l'Aube, de la Marne, de Meurthe-et-Moselle, de la Meuse et des Vosges.

1re Subd. à NANCY. — 41e R. T.

Dép. de Meurthe-et-Moselle. — Arr. Nancy (c. Nancy [ouest] et Saint-Nicolas), Lunéville.

Dép. des Vosges. — Arr. Saint-Dié.

2e Subd. à TOUL. — 42e R. T.

Dép. de Meurthe-et-Moselle. — Arr. Toul, Nancy (moins les c. de Nancy (ouest) et Saint-Nicolas).

3e Subd. à NEUFCHATEAU. — 43e R. T.

Dép. des Vosges. — Arr. Épinal, Mirecourt, Remiremont, Neufchâteau.

4e Subd. à VERDUN. — 44e R. T.

Dép. de Meurthe-et-Moselle. — Arr. Briey (c. Briey, Conflans, Chambley).

Dép. de la Meuse. — Arr. Verdun, Bar-le-duc, Commercy.

5e Subd. à MÉZIÈRES. — 45e R. T.

Dép. des Ardennes. — Arr. Rocroi, Mézières, Sedan.

Dép. de la Meuse. — Arr. Montmédy.

Dép. de Meurthe-et-Moselle. — Arr. Briey (c. Longuyon, Longwy, Audun).

6e Subd. à REIMS. — 46e R. T.

Dép. de la Marne. — Arr. Reims.

Dép. des Ardennes. — Arr. Vouziers, Rethel.

7ᵉ Subd. à TROYES. — 47ᵉ R. T.

Dép. de l'Aube.

8ᵉ Subd. à CHALONS-SUR-MARNE. — 48ᵉ R. T.

Dép. de la Morne. — Arr. Sainte-Menehould, Châlons, Vitry, Épernay.

VIIᵉ RÉGION. — Ch.-l., BESANÇON.

Comprend les dép. de l'Ain, du Doubs, du Jura, de la Haute-Marne, du Haut-Rhin, de la Haute-Saône et du Rhône (c. de Neuville, 4ᵉ et 5ᵉ arr. de Lyon).

1ʳᵉ Subd. à BELFORT. — 49ᵉ R. T.

Dép. du Haut-Rhin. — Arr. Belfort.

Dép. de la Haute-Saône. — Arr. Lure (c. Champagney).

Dép. du Doubs. — Arr. Baume-les-Dames, Montbéliard.

2ᵉ Subd. à VESOUL. — 50ᵉ R. T.

Dép. de la Haute-Saône. — Arr. Vesoul, Lure (moins Champagney).

3ᵉ Subd. à LANGRES. — 51ᵉ R. T.

Dép. la Haute-Marne. — Arr. Langres, Chaumont (c. Arc-en-Barrois).

Dép. de la Haute-Saône. — Arr. Gray.

Dép. du Rhône. — 4ᵉ arr. de Lyon.

4ᵉ Subd. à CHAUMONT. — 52ᵉ R. T.

Dép. de la Haute-Marne. — Arr. Chaumont (moins le c. Arc-en-Barrois), Vassy.

Dép. du Rhône — Arr. Lyon (c. de Neuville et 5ᵉ arr. de Lyon).

5ᵉ Subd. à LONS-LE-SAULNIER. — 53ᵉ R. T.

Dép. du Jura. — Arr. Lons-le-Saulnier, Poligny, Dôle (c. Chaumergy, Chaussin et Montbarrey), Saint-Claude.

6ᵉ Subd. à BESANÇON. — 54ᵉ R. T.

Dép. du Doubs. — Arr. Besançon, Pontarlier.

Dép. du Jura. — Arr. Dôle (moins Chaumergy, Chaussin et Montbarrey).

7ᵉ Subd. à BOURG. — 55ᵉ R. T.

Dép. de l'Ain. — Arr. Bourg (moins Pont-d'Ain), Trévoux (moins Montluel, Chalamont, Meximieux).

8ᵉ Subd. à BELLEY. — 56ᵉ R. T.

Dép. de l'Ain. — Arr. Belley, Gex, Nantua, Bourg (c. Pont-d'Ain), Trévoux (c. Montluel, Chalamont, Meximieux).

VIIIᵉ RÉGION. — Ch.-l., BOURGES.

Comprend les dép. du Cher, de la Côte-d'Or, de la Nièvre, de Saône-et-Loire et du Rhône (arr. de Villefranche).

1ʳᵉ Subd. à AUXONNE. — 57ᵉ R. T.

Dép. ae Saône-et-Loire. — Arr. Louhans (c. Saint-Pierre-en-Bresse), Châlon (c. Chagny, Verdun-sur-Doubs et Saint-Martin-en-Bresse).

Dép. de la Côte-d'Or. — Arr. Beaune, Dijon (c. Auxonne et Pontailler).

2ᵉ Subd. à DIJON. — 58ᵉ R. T.

Dép. de la Côte-d'Or. — Arr. Châtillon, Semur, Dijon (moins Auxonne et Pontailler).

3ᵉ Subd. à CHALON-SUR-SAONE. — 59ᵉ R. T.

Dép. de Saône-et-Loire. — Arr. Mâcon (c. Cluny, Saint-Gengoux, Lugny et Tournus), Louhans (moins Saint-Pierre-en-Bresse).

4ᵉ Subd. à MACON. — 60ᵉ R. T.

Dép. de Saône-et-Loire. — Arr. Mâcon (c. Mâcon [nord et sud], La Chapelle, Tramayes et Matour).

Dép. du Rhône. — Arr. Villefranche.

5ᵉ Subd. à COSNE. — 61ᵉ R. T.

Dép. du Cher. — Arr. Sancerre.

Dép. de la Nièvre. — Arr. Clamecy, Cosne.

6ᵉ Subd. à BOURGES. — 62ᵉ R. T.

Dép. du Cher. — Arr. Bourges, Saint-Amand (moins les c. de La Guerche, Sancoins et Nérondes).

7ᵉ Subd. à AUTUN. — 63ᵉ R. T.

Dép. de Saône-et-Loire. — Arr. Charolles, Autun.

8ᵉ Subd. à NEVERS. — 64ᵉ R. T.

Dép. de la Nièvre. — Arr. Château-Chinon, Nevers.

Dép. du Cher. — Arr. Saint-Amand (c. La Guerche, Sancoins et Nérondes).

IXᵉ RÉGION. — Ch.-l., TOURS.

Comprend les dép. de Maine-et-Loire, d'Indre-et-Loire, de l'Indre, des Deux-Sèvres et de la Vienne.

1ʳᵉ Subd. à CHATEAUROUX. — 65ᵉ R. T.

Dép. de l'Indre. — Arr. Issoudun, La Châtre, Châteauroux (moins les c. de Châtillon et Écueillé).

2ᵉ Subd. au BLANC. — 66ᵉ R. T.

Dép. de l'Indre. — Arr. Châteauroux (c. Châtillon et Écueillé), Le Blanc.

Dép. de la Vienne. — Arr. Montmorillon.

Dép. d'Indre-et-Loire. — Arr. Loches.

3ᵉ Subd. à PARTHENAY. — 67ᵉ R. T.

Dép. des Deux-Sèvres. — Arr. Parthenay, Bressuire, Niort.

4ᵉ Subd. à POITIERS. — 68ᵉ R. T.

Dép. de la Vienne. — Arr. Poitiers (moins les c. de Saint-Julien, Saint-Georges, Neuville et Mirebeau), Civray.

Dép. des Deux-Sèvres. — Arr. Melle.

5ᵉ Subd. à CHATELLERAULT. — 69ᵉ R. T.

Dép. de la Vienne. — Arr. Châtellerault, Loudun, Poitiers (c. Saint-Julien, Saint-Georges, Neuville et Mirebeau).

Dép. d'Indre-et-Loire. — Arr. Chinon (moins les c. de Langeais et Bourgueil).

6e Subd. à TOURS. — 70e R. T.

Dép. d'Indre-et-Loire. — Arr. Tours, Chinon (c. Langeais et Bourgueil).

Dép. de Maine-et-Loire. — Arr. Saumur (c. de Saumur [nordest, nord-ouest et sud-est]), Baugé (c. Noyant et Longué).

7e Subd. à ANGERS. — 71º R. T.

Dép. de Maine-et-Loire. — Arr. Segré, Baugé (moins les c. de Noyant et Longué), Angers (moins les c. de Chalonne, Pont-de-Cé et Thouaré).

8e Subd. à CHOLET. — 72e R. T.

Dép. de Maine-et-Loire. — Arr. Cholet, Angers (c. Pont-de-Cé, Chalonne et Thouaré), Saumur (moins les c. de Saumur [nordest, nord-ouest et sud-est]).

Xe RÉGION. — Ch.-l., RENNES.

Comprend les dép. des Côtes-du-Nord, de la Manche et d'Ille-et-Vilaine.

1re Subd. à GUINGAMP. — 73º R. T.

Dép. des Côtes-du-Nord. — Arr. Guingamp, Lannion.

2e Subd. à SAINT-BRIEUC. — 74e R. T.

Dép. des Côtes-du-Nord. — Arr. Saint-Brieuc, Loudéac.

3e Subd. à RENNES. — 75e R. T.

Dép. d'Ille-et-Vilaine. — Arr. Rennes, Redon, Montfort.

4e Subd. à VITRÉ. — 76º R. T.

Dép. d'Ille-et-Vilaine. — Arr. Vitré, Fougères.

5e Subd. à CHERBOURG. — 77e R. T.

Dép. de la Manche. — Arr. Valognes, Cherbourg.

6ᵉ Subd. à SAINT-MALO. — 78ᵉ R. T.

Dép. d'Ille-et-Vilaine. — Arr. Saint-Malo.
Dép. des Côtes-du-Nord. — Arr Dinan.

7ᵉ Subd. à GRANVILLE. — 79ᵉ R. T.

Dép. de la Manche. — Arr. Avranches, Mortain.

8ᵉ Subd. à SAINT-LO. — 80ᵉ R. T.

Dép. de la Manche. — Arr. Saint-Lô, Coutances.

XIᵉ RÉGION. — Ch.-l., NANTES.

Comprend les dép. du Finistère, de la Loire-Inférieure, du Morbihan et de la Vendée.

1ʳᵉ Subd. à NANTES. — 81ᵉ R. T.

Dép. de la Loire-Inférieure. — Arr. Nantes (moins les c. de Carquefou, Vertou, Le Loroux, Vallet, Clisson et Aigrefeuille), Saint-Nazaire, Paimbœuf.

2ᵉ Subd. à ANCENIS. — 82ᵉ R. T.

Dép. de la Loire-Inférieure. — Arr. Ancenis, Châteaubriant, Nantes (c. de Carquefou, Vertou, Le Loroux, Vallet, Clisson et Aigrefeuille).

3ᵉ Subd. à LA ROCHE-SUR-YON. — 83ᵉ R. T.

Dép. de la Vendée. — Arr. La Roche-sur-Yon (moins les c. de Mortagne, Les Herbiers et Chantonnay), Les Sables-d'Olonne.

4ᵉ Subd. à FONTENAY. — 84ᵉ R. T.

Dép. de la Vendée. — Arr. La Roche-sur-Yon (c. de Mortagne, Les Herbiers et Chantonnay), Fontenay.

5ᵉ Subd. à VANNES. — 85ᵉ R. T.

Dép. du Morbihan. — Arr. Vannes, Ploërmel.

6ᵉ Subd. à QUIMPER. — 86ᵉ R. T.

Dép. du Finistère. — Arr. Quimper, Quimperlé, Châteaulin.

7e Subd. à **BREST**. — 87e R. T.

Dép. du Finistère. — **Arr.** Brest, Morlaix.

8 Subd. à **LORIENT**. — 88e R. T.

Dép. du Morbihan. — **Arr.** Lorient, Pontivy.

XIIe RÉGION. — Ch.-l., LIMOGES.

Comprend les dép. de la Charente, de la Corrèze, de la Creuse, de la Dordogne et de la Haute-Vienne.

1re Subd. à **LIMOGES**. — 89e R. T.

Dép. de la Haute-Vienne. — **Arr.** Limoges, Rochechouart (moins le c. de Saint-Junien), Saint-Yrieix (c. Nexon et Chalus), Bourganeuf (moins le c. de Bénavent).

Dép. de la Dordogne. — **Arr.** Nontron (moins les c. de Mareuil, Champagnac, Thiviers, Lanouaille et Jumilhac).

2e Subd. à **MAGNAC-LAVAL**. — 90e R. T.

Dép. de la Haute-Vienne. — **Arr.** Rochechouart (c. de Saint-Junien), Bellac.

Dép. de la Charente. — **Arr.** Confolens.

Dép. de la Creuse. — **Arr.** Guéret (c. La Souterraine et Grand-Bourg), Bourganeuf (c. Bénavent).

3e Subd. à **GUÉRET**. — 91e R. T.

Dép. de la Creuse. — **Arr.** Aubusson, Boussac, Guéret (moins les c. de La Souterraine et Grand-Bourg).

4e Subd. à **TULLE**. — 92e R. T.

Dép. de la Corrèze. — **Arr.** Tulle, Ussel.

5e Subd. à **PÉRIGUEUX**. — 93e R. T.

Dép. de la Charente. — **Arr.** Barbezieux.

Dép. de la Dordogne. — **Arr.** Ribérac, Nontron (c. Mareuil et Champagnac), Périgueux (moins les c. d'Excideuil, Hautefort et Thenon).

6ᵉ Subd. à ANGOULÊME. — 94ᵉ R. T.

Dép. de la Charente. — Arr. Angoulême, Ruffec, Cognac.

7ᵉ Subd. à BRIVES. — 95ᵉ R. T.

Dép. de la Dordogne. — Arr. Nontron (c. Lanouaille, Jumilhac et Thiviers) Périgueux (c. Excideuil, Hautefort et Thenon), Sarlat (c. Terrasson).

Dép. de la Haute-Vienne. — Arr. Saint-Yrieix (c. Saint-Yrieix et Saint-Germain).

Dép. de la Corrèze. — Arr. Brives.

8ᵉ Subd. à BERGERAC. — 96ᵉ R. T.

Dép. de la Dordogne. — Arr. Bergerac, Sarlat (moins le c. de Terrasson).

XIIIᵉ RÉGION. — Ch.-l., CLERMONT-FERRAND.

Comprend les dép. de l'Allier, de la Loire, du Puy-de-Dôme, de la Haute-Loire, du Cantal et du Rhône (c. de l'Arbresle, Condrieu, Limonest, Mornant, Saint-Symphorien, Saint-Laurent et Vaugneray).

1ʳᵉ Subd. à RIOM. — 97ᵉ R. T.

Dép. du Puy-de-Dôme. — Arr. Riom, Thiers, Clermont (c. Clermont [nord-est, nord-ouest et sud-ouest], Rochefort, Bourg-Lastic et Herment).

2ᵉ Subd. à MONTLUÇON. — 98ᵉ R. T.

Dép. de l'Allier. — Arr. Moulins, Montluçon, Gannat.

3ᵉ Subd. à CLERMONT. — 99ᵉ R. T.

Dép. du Puy-de-Dôme. — Arr. Clermont (moins les c. de Clermont [nord-est, nord-ouest et sud-ouest], Rochefort, Bourg-Lastic et Herment), Issoire, Ambert.

4ᵉ Subd. à AURILLAC. — 100ᵉ R. T.

Dép. de la Haute-Loire. — Arr. Brioude (c. de Blesle, Auzon, la Chaise-Dieu, Brioude et Lavoûte).

Dép. du Cantal.

5e Subd. au PUY. — 101e R. T.

Dép. de la Haute-Loire. — Arr. Le Puy, Yssingeaux, Brioude (c. de Pinols, Langeac et Paulhaguet).

6e Subd. à SAINT-ÉTIENNE. — 102e R. T.

Dép. de la Loire. — Arr. Saint-Étienne.

7e Subd. à MONTBRISON. — 103e R. T.

Dép. de la Loire. — Arr. Montbrison.

Dép. du Rhône. — Arr. Lyon (c. l'Arbresle, Condrieu, Limonest, Mornant, Saint-Symphorien, Saint-Laurent et Vaugneray).

8e Subd. à ROANNE. — 104e R. T.

Dép. de l'Allier. — Arr. La Palisse.

Dép. de la Loire. — Arr. Roanne.

XIVe RÉGION. — Ch.-l., GRENOBLE.

Comprend les dép. des Hautes-Alpes, de la Drôme, de l'Isère, de la Savoie, de la Haute-Savoie et du Rhône (c. de Givors, Saint-Genis-Laval, Villeurbanne, 1er, 2e, 3e et 6e arr. de Lyon).

1re Subd. à GRENOBLE. — 105e R. T.

Dép. de l'Isère. — Arr. Grenoble.

2e Subd. à BOURGOIN. — 106e R. T.

Dép. de l'Isère. — Arr. La Tour-du-Pin, Saint-Marcellin.

3e Subd. à ANNECY. — 107e R. T.

Dép. de la Haute-Savoie.

4e Subd. à CHAMBÉRY. — 108e R. T.

Dép. de la Savoie.

5e Subd. à VIENNE. — 109e R. T.

Dép. de l'Isère. — Arr. Vienne.

Dép. du Rhône. — C. Givors et 6e arr. de Lyon.

6e Subd. à ROMANS. — 110e R. T.

Dép. de la Drôme. — Arr. Valence.

Dép. du Rhône. — 3e arr. de Lyon.

7e Subd. à ROMANS. — 111e R. T.

Dép. de la Drôme. — Arr. Montélimart, Die, Nyons.

Dép. du Rhône. — C. de Villeurbanne et 1er arr. de Lyon.

8e Subd. à GAP. — 112e R. T.

Dép. des Hautes-Alpes.

Dép. du Rhône. — C. de Saint-Genis-Laval et 2e arr. de Lyon.

XVe RÉGION. — Ch.-l., MARSEILLE.

Comprend les dép. des Basses-Alpes, des Alpes-maritimes, de l'Ardèche, des Bouches-du-Rhône, de la Corse, du Gard, du Var et de Vaucluse.

1re Subd. à TOULON. — 113e R. T.

Dép. du Var. — Arr. Brignoles, Toulon.

Dép. des Bouches-du-Rhône. — Arr. Marseille (c. Aubagne, la Ciotat, Roquevaire, centre extra et sud extra de Marseille).

2e Subd. à ANTIBES. — 114e R. T.

Dép. des Alpes-Maritimes.

Dép. du Var. — Arr. Draguignan.

3e Subd. à AIX. — 115e R. T.

Dép. des Bouches-du-Rhône. — Arr. Arles, Aix, Marseille (c. centre intra, nord intra, nord extra et sud intra de Marseille).

3e Subd. (annexe) à DIGNE. — 145e R. T.

Dép. des Basses-Alpes.

4e Subd. à AJACCIO. — 116e R. T.

Dép. de la Corse.

5e Subd. à NIMES. — 117e R. T.

Dép. du Gard. — Arr. Nimes, Alais, le Vigan.

6e Subd. à AVIGNON. — 118e R. T.

Dép. de Vaucluse.

7e Subd. à PRIVAS. — 119e R. T.

Dép. de l'Ardèche. — Arr. Tournon, Privas (moins les c. de Viviers, Bourg-Saint-Andéol et Villeneuve-de-Berg).

8e Subd. à PONT-SAINT-ESPRIT. — 120e R. T.

Dép. du Gard. — Arr. Uzès.

Dép. de l'Ardèche. — Arr. Largentière, Privas (c. Viviers, Bourg-Saint-Andéol et Villeneuve-de-Berg)

XVIe RÉGION. — Ch.-l., MONTPELLIER.

Comprend les dép. de l'Aude, de l'Aveyron, de l'Hérault, de la Lozère, du Tarn et des Pyrénées-Orientales.

1re Subd. à BÉZIERS. — 121e R. T.

Dép. de l'Hérault. — Arr. Béziers, Saint-Pons.

2e Subd. à MONTPELLIER. — 122e R. T.

Dép. de l'Hérault. — Arr. Montpellier, Lodève.
Dép. de l'Aveyron. — Arr. Saint-Affrique.

3e Subd. à MENDE. — 123e R. T.

Dép. de la Lozère.
Dép. de l'Aveyron. — Arr. Milhau.

4e Subd. à RODEZ. — 124e R. T.

Dép. de l'Aveyron. — Arr. Rodez, Villefranche, Espalion.

5e Subd. à NARBONNE. — 125e R. T.

Dép. de l'Aude. — Arr. Narbonne, Carcassonne (moins les c. de Saissac, Montréal, Alzonne et Carcassonne [est et ouest]), Limoux.

6e Subd. à PERPIGNAN. — 126e R. T.

Dép. des Pyrénées-Orientales.

7e Subd. à CARCASSONNE. — 127e R. T.

Dép. du Tarn. — Arr. Castres.

Dép. de l'Aude. — Arr. de Castelnaudary, Carcassonne (c de Saissac, Montréal, Alzonne et Carcassonne [est et ouest]).

8e Subd. à ALBI. — 128e R. T.

Dép. du Tarn. — Arr. Albi, Gaillac, Lavaur.

XVIIe RÉGION. — Ch.-l., TOULOUSE.

Comprend les dép. de l'Ariége, de la Haute-Garonne, du Gers, du Lot, de Lot-et-Garonne et de Tarn-et-Garonne.

1re Subd. à AGEN. — 129e R. T.

Dép. de Tarn-et-Garonne. — Arr. Castelsarrasin (c. de Saint-Nicolas, Lavit et Beaumont), Moissac.

Dép. de Lot-et-Garonne. — Arr. Agen, Nérac (c. de Nérac et Francescas).

Dép. du Gers. — Arr. Condom (c. de Condom et Montréal), Lectoure (c. de Lectoure et Miradoux).

2e Subd. à MARMANDE. — 130e R. T.

Dép. de Lot-et-Garonne. — Arr. Marmande, Villeneuve (moins les c. de Villeréal, Montflanquin, Fumel et Tournon), Nérac (moins les c. de Nérac et Francescas).

3e Subd. à CAHORS. — 131e R. T.

Dép. du Lot. — Arr Figeac (c. de Cajarc), Gourdon (c. de Payrac, Gourdon, Salviac, Saint-Germain et La Bastide), Cahors.

Dép. de Lot-et-Garonne. — Arr. Villeneuve (c. Villeréal, Montflanquin, Fumel et Tournon).

Dép. de Tarn-et-Garonne. — Arr. Montauban (c. Molières et Montpezat).

4e Subd. à MONTAUBAN. — 132e R. T.

Dép. du Lot. — Arr. Gourdon (moins c. de Peyrac, Gourdon, Salviac, Saint-Germain et La Bastide), Figeac (moins c. de Cajarc).

Dép. de Tarn-et-Garonne. — **Arr.** Montauban (moins c. de Molières et Montpezat), Castelsarrasin (c. de Caltelsarrasin, Montech, Verdun et Grisolles).

5e Subd. à TOULOUSE. — 133e R. T.

Dép. de la Haute-Garonne. — **Arr.** Toulouse, Villefranche, Muret (c. de Saint-Lis, Muret et Auterive).

6e Subd. à FOIX. — 134e R. T.

Dép. de la Haute-Garonne. — **Arr.** Muret (c. de Cintegabelle).
Dép. de l'Ariége. — **Arr.** Pamiers, Foix, Saint-Girons (c. de Massat).

7e Subd. à MIRANDE. — 135e R. T.

Dép. du Gers. — **Arr.** Mirande, Auch, Condom (moins les c. de Condom et Montréal), Lectoure (moins les c. de Lectoure et Miradoux), Lombez.

8e Subd. à SAINT-GAUDENS. — 136e R. T.

Dép. de la Haute-Garonne. — **Arr.** Muret (moins les c. de Cintegabelle, Saint-Lis, Muret et Auterive), Saint-Gaudens.
Dép. de l'Ariége. — **Arr.** Saint-Girons (moins le c. de Massat).

XVIIIe RÉGION. — Ch.-l., Bordeaux.

Comprend les dép. de la Charente-Inférieure, de la Gironde, des Landes, des Basses-Pyrénées et des Hautes-Pyrénées.

1re Subd. à SAINTES. — 137e R. T.

Dép. de la Charente-Inférieure. — **Arr.** Saintes, Marennes, Jonzac.

2e Subd. à LA ROCHELLE. — 138e R. T.

Dép. de la Charente-Inférieure. — **Arr.** La Rochelle, Rochefort, Saint-Jean-d'Angely.

3e Subd. à LIBOURNE. — 139e R. T.

Dép. de la Gironde. — **Arr.** Libourne, Blaye, la Réole.

4ᵉ Subd. à BORDEAUX. — 140ᵉ R. T.

Dép. de la Gironde. — Arr. Bordeaux, Lespare, Bazas.

5ᵉ Subd. à MONT-DE-MARSAN. — 141ᵉ R. T.

Dép. des Landes. — Arr. Mont-de-Marsan, Saint-Sever, Dax
(c. Montfort et Castets).

6ᵉ Subd. à BAYONNE. — 142ᵉ R. T.

Dép. des Basses-Pyrénées — Arr. Bayonne, Mauléon.
Dép. des Landes. — Arr. Dax (moins c. de Montfort et Castets).

7ᵉ Subd. à PAU. — 143ᵉ R. T.

Dép. des Basses-Pyrénées. — Arr. Pau, Orthez, Oloron.

8ᵉ Subd. à TARBES. — 144ᵉ R. T.

Dép. des Hautes-Pyrénées.

XIXᵉ RÉGION. — Ch.-l., ALGER.

Comprend l'Algérie.

1ʳᵉ Subd. à ALGER.

Province d'Alger. — 1ᵉʳ, 2ᵉ, 3ᵉ bataillons territoriaux de
zouaves et compagnie territoriale de chasseurs à pied.

2ᵉ Subd. à ORAN.

Province d'Oran. — 4ᵉ, 5ᵉ, 6ᵉ bataillons territoriaux de
zouaves.

3ᵉ Subd. à CONSTANTINE.

Province de Constantine. — 7ᵉ, 8ᵉ bataillons territoriaux de
zouaves et bataillon territorial de chasseurs à pied.

DEUXIÈME PARTIE

251. Nous avons vu dans la 1re PARTIE que tout Français valide et non indigne est soumis pendant 20 ans au service militaire gratuit, obligatoire et personnel, et qu'il passe ces 20 années soit sous les drapeaux, soit dans ses foyers. (N°s 4, 9 à 15.) Il est astreint pendant tout ce temps à des *obligations militaires* qui varient suivant la partie de l'armée à laquelle il appartient.

Les Français qui n'ont pas encore atteint l'âge de l'appel et qui n'ont pas contracté d'engagement volontaire, de même que ceux qui ont achevé leurs 20 ans de service, sont libres de toute obligation personnelle de service militaire. (N°s 5, 14, 17.)

Mais toute la population, militaire ou non, n'en est pas moins soumise à certaines autres obligations que rendent indispensables l'instruction pratique et la mobilisation de l'armée. Ces obligations sont relatives aux *réquisitions* des chevaux, voitures, locaux, denrées et tous objets ou services dont la fourniture est nécessaire pour l'intérêt militaire.

Ce sont ces diverses obligations personnelles ou matérielles que nous allons exposer dans cette 2e PARTIE. Elles se lient d'une façon intime au mode de recrutement et au

mode d'organisation de l'armée, qui fait l'objet de la
1re PARTIE ; l'ensemble de toutes ces dispositions nouvelles ayant pour but unique d'assurer la sécurité et d'or-
ganiser la défense du pays.

CHAPITRE Ier

OBLIGATIONS DES MILITAIRES PRÉSENTS SOUS LES DRAPEAUX.

—

Obligations. — 252. Les militaires présents sous les
drapeaux, qu'ils appartiennent à l'armée active permanente ou à l'une quelconque des réserves, sont astreints
à toutes les obligations de la hiérarchie et de la discipline
détaillées dans les divers règlements militaires.

L'étude de ces obligations n'entre pas dans le cadre de
ce travail ; nous nous bornerons à dire que leur ensemble
peut se résumer ainsi : servir loyalement son pays ; s'instruire le plus possible théoriquement et pratiquement
pour pouvoir le défendre utilement au jour du danger ;
se vouer tout entier à l'accomplissement de ses fonctions
militaires, quelque modestes qu'elles soient ; et enfin se
plier avec abnégation à toutes les exigences de la discipline dans toutes les circonstances de la vie militaire.

Droits. — 253. Les droits généraux des militaires sous
les drapeaux sont aussi définis dans des règlements spé-

ciaux que nous n'avons pas à étudier ici ; nous les résumerons en disant qu'ils consistent : à recevoir de l'État toutes les allocations en deniers ou en nature nécessaires à la satisfaction de leurs besoins matériels, en état de santé comme en cas de maladie ou de blessures, en station comme en marche, en temps de paix comme en temps de guerre ; à recevoir aussi dans l'armée l'instruction générale et l'instruction militaire indispensables à chacun suivant son grade pour pouvoir contribuer utilement à la défense du pays ; et enfin « à être constamment traités par leurs supérieurs avec bonté et avec tous les égards dus à des hommes dont la valeur et le dévouement procurent leurs succès et préparent leur gloire ». (SERVICE INTÉRIEUR. — *Principes généraux de la subordination.*)

CHAPITRE II

OBLIGATIONS DES MILITAIRES DANS LEURS FOYERS.

§ 1er. Généralités.

Catégories diverses. — 254. D'après la loi du recrutement, la vie militaire dure en réalité 20 ans, bien que le plus grand nombre des militaires ne passent qu'une faible partie de ce temps sous les drapeaux. (N° 14.)

Il y a de nombreuses catégories d'hommes dans leurs foyers qui sont astreints à des obligations personnelles de service militaire ; les uns n'ont jamais servi dans l'armée active, d'autres au contraire y ont passé un temps plus ou moins long ; on les désigne, d'une manière générale, sous le nom de *réservistes des diverses catégories.*

A. — Hommes n'ayant jamais servi. — 255. Ce sont :

1° Les jeunes soldats portés sur la 1re partie de la liste du recrutement, depuis le 1er juillet jusqu'à la date de leur appel à l'activité (N° 258) ;

2° Les ajournés (N° 259) ;

3° Les appelés ayant obtenu un sursis (N° 260);

4° Les volontaires d'un an ayant obtenu un sursis (N° 261) ;

5° Les dispensés du service d'activité (N° 262) ;

6° Les dispensés à titre conditionnel (N° 263) ;

7° Les dispensés à titre provisoire (N° 264) ;

8° Les anciens élèves de l'École polytechnique et de l'École forestière (N° 265) ;

9° Les jeunes gens laissés dans leurs foyers en vertu de décisions ministérielles spéciales (N° 266) ;

10° Les appelés classés dans les services auxiliaires (N° 267) ;

11° Les réservistes de l'armée active qui ont été dispensés d'activité ou à titre provisoire (N° 272) ;

12° *Transitoirement* une partie des hommes de la réserve de l'armée active, de l'armée territoriale et de sa réserve (N° 268).

B. — Hommes ayant déjà servi. — 256. Ce sont :

1° Les militaires de l'armée active en congé ou en permission (N° 269) ;

2° Les disponibles (N° 270) ;

3° Les non-disponibles (N° 271) ;

4° Les militaires renvoyés dans leurs foyers en vertu de décisions ministérielles spéciales (N° 266) ;

5° Les militaires renvoyés en congé en attendant l'époque de leur passage dans la réserve (N° 269 *bis*) ;

6° Les réservistes de l'armée active qui n'ont pas été dispensés (N° 272) ;

7° Les hommes de l'armée territoriale (N°s 273, 274) ;

8° Les réservistes de l'armée territoriale (N°s 274 à 276).

Obligations. — 257. Les obligations militaires des hommes dans leurs foyers sont de deux sortes :

1° *Obligations spéciales*, se rapportant au mode et au temps de service militaire que doit faire chaque catégorie de réservistes (N°s 258 à 276) ;

2° *Obligations générales*, se rapportant aux devoirs généraux de subordination et de discipline auxquels sont astreints tous les réservistes, quelle que soit leur catégorie pendant le temps même qu'ils restent dans leurs foyers (N°s 277 à 323).

§ 2. Obligations spéciales à chaque catégorie de réservistes

258. Les *jeunes soldats non encore appelés à l'activité* peuvent être dirigés sur les divers corps de l'armée active dès le 1er juillet de l'année de leur tirage au sort, pour y accomplir leur temps d'activité, c'est-à-dire 5 ans ou 1 an selon qu'ils appartiennent à la 1re ou à la 2e portion du contingent ; mais ordinairement ils ne sont appelés à l'activité qu'au mois de novembre suivant. (N°s 19, 48, 49 ; 132, 1°.)

259. Les *ajournés* ne font pas partie des réservistes des diverses catégories, attendu qu'ils ne sont pas encore liés au service. Mais ils sont astreints à se présenter l'année suivante (ou pendant 2 ans) à l'examen médical devant le conseil de révision de leur canton, qui fixera leur position définitive. (Nº 47.)

260. Les *appelés ayant obtenu un sursis* sont, en temps de paix, soumis à des exercices pendant leur année ou leurs deux années de sursis ; ces exercices doivent être déterminés par un règlement ministériel.

En temps de guerre, ils sont appelés à l'activité. Leurs 20 ans de service ne commencent qu'à l'expiration du sursis. (Nᵒˢ 54 ; 132, 5º, c.)

261. Les *volontaires d'un an ayant obtenu un sursis* doivent, en temps de paix, justifier chaque année de leur assiduité aux cours de la Faculté où de l'École dont ils sont élèves, pour pouvoir obtenir le renouvellement annuel de leur sursis jusqu'à 24 ans. Ils font ensuite leur année de volontariat.

En temps de guerre, ils sont appelés à l'activité. (Nᵒˢ 75 ; 132, 2º.)

262. Les *dispensés du service d'activité* sont, en temps de paix, soumis à certains exercices.

En temps de guerre, ils sont appelés à l'activité. (Nᵒˢ 32 à 39 ; 132, 5º, a.)

263. Les *dispensés à titre conditionnel* ne sont soumis à aucune obligation militaire, ni en temps de paix, ni en temps de guerre, tant qu'ils remplissent les conditions spéciales qui leur sont imposées, suivant la catégorie à laquelle ils appartiennent ; aussi en réalité ne font-ils pas partie des réservistes de toutes catégories. Mais dès qu'ils cessent de remplir leurs obligations spéciales, ils doivent en faire la déclaration au maire de leur commune, et ils sont alors versés dans l'armée active pour 5 ans. (N°⁵ 40 à 43.)

264. Les *dispensés à titre provisoire* doivent remplir exactement leurs devoirs de soutiens de famille ; chaque année le maire de leur commune rend compte de leur conduite au conseil de révision, qui doit révoquer la dispense s'ils ne remplissent pas ces devoirs. Dans ce cas les jeunes gens sont envoyés dans l'armée active pour y faire un an de service, ou pour y achever les 5 années de la 1ʳᵉ période, suivant leur numéro de tirage.

En temps de paix, les dispensés à titre provisoire sont astreints à certains exercices. (N°⁵ 52 ; 53 ; 132, 5°, *b*.)

En temps de guerre, ils sont appelés à l'activité.

265. Les *élèves de l'École polytechnique et de l'École forestière* qui satisfont aux examens de sortie de leur école entrent dans l'armée active comme officiers, ou dans un service public ; dans le dernier cas, ils sont nommés officiers de réserve.

Ceux qui ne satisfont pas à ces examens suivent les chances de leur numéro de tirage au sort, c'est-à-dire qu'ils achèvent dans l'armée active 5 ans ou 1 an de service, leur temps d'école leur comptant comme service actif. (N°⁵ 45 ; 232, 4°.)

266. Les *jeunes gens laissés ou renvoyés dans leurs foyers* en vertu de décisions ministérielles spéciales peuvent, en temps de paix comme en temps de guerre, être soumis à certains exercices, et versés ou rappelés dans l'armée active, en vertu de nouvelles décisions ministérielles spéciales. (N°⁵ 132, 4° ; 255, 9° ; 256, 4°.)

267. Les *appelés classés dans les services auxiliaires* ne doivent faire aucun service actif ni en temps de paix ni en temps de guerre ; ils sont exclusivement destinés à compléter, en cas de guerre, le personnel nécessaire aux huit services auxiliaires de l'armée, et ils peuvent, le cas échéant, être mis à la disposition de l'industrie privée pour l'exécution de travaux relatifs à l'armée. Ces hommes restent dans les services auxiliaires pendant les 20 années de service exigées par la loi du recrutement, en passant dans la réserve et dans l'armée territoriale avec les hommes de leur classe. Ils sont, lorsqu'il y a lieu, classés parmi les non-disponibles, et y comptent pendant tout le temps de leur emploi spécial dans les administrations publiques ou chemins de fer. (N° 145.)

En temps de paix ils peuvent être soumis à des revues d'appel. (N°ˢ 15, 46 ; 132, 2° ; 229.)

268. Les *réservistes des diverses catégories n'ayant jamais servi,* par suite des dispositions transitoires de la nouvelle loi du recrutement, ne sont astreints qu'aux obligations des hommes de la catégorie à laquelle ils appartiennent ; cependant le ministre pourrait les appeler aux exercices réglementaires sans y appeler les autres. (N°ˢ 272 à 274.)

269. Les *militaires de l'armée active en congé ou en permission* ne sont pas compris parmi les réservistes des diverses catégories, attendu qu'ils ne sont qu'accidentellement dans leurs foyers. Ils restent astreints à toutes les obligations militaires de la portion du contingent dont ils font partie, et ils doivent rejoindre leurs drapeaux à l'expiration de leur congé ou permission.

269 *bis.* Les *militaires de l'armée active envoyés en congé en attendant l'époque de leur passage dans la réserve,* sont compris parmi les réservistes de toutes catégories. Ils font partie des hommes dits à la disposition de l'autorité militaire. (N°ˢ 125, 4° ; 132, 4° ; 324.)

Ils ne sont astreints à aucune obligation spéciale, mais le ministre de la guerre pourrait leur en imposer et même les rappeler à l'activité avant leur passage dans la réserve.

Ils sont, bien entendu, astreints aux obligations générales. (Nᵒˢ 277 à 323.)

270. Les *disponibles* sont soumis, en temps de paix, à des revues et exercices. (Nᵒˢ 10, 1ᵒ; 125.)

En temps de guerre, ils sont appelés à l'activité. Ils doivent alors rejoindre leur corps ou service individuellement, dès que l'ordre de mobilisation a été publié et affiché. Ils se conforment à cet effet aux indications portées sur l'ordre de route complété qui se trouve à la fin de leur livret individuel. Ils ont droit au transport gratuit sur les chemins de fer pour se rendre à leur destination. (Nᵒ 169.)

271. Les *non-disponibles* appartiennent soit à la disponibilité, soit à la réserve de l'armée active, soit à l'armée territoriale, soit à la réserve de cette armée. En temps de paix ils sont, après trois mois d'emploi dans les services publics, administrations ou compagnies, dispensés des revues, exercices ou manœuvres, ainsi que des déclarations de changement de domicile et de résidence. (Nᵒˢ 145, 272, 273, 278 à 286, 291.)

En temps de guerre, ils sont appelés, mais au lieu de rejoindre immédiatement, ils restent à leur poste et ils y attendent les ordres de l'autorité militaire, qui leur sont transmis par leurs chefs de service. Néanmoins dès que l'ordre de mobilisation est publié, les non-disponibles sont considérés comme mobilisés et ils sont soumis à la juridiction des tribunaux militaires, dans les mêmes conditions que les militaires en congé. (Nᵒ 306, 2ᵒ.)

Ces diverses dispenses sont accordées aux non-dispo-

nibles uniquement dans l'intérêt des services publics auxquels ils sont attachés, et seulement pour le temps pendant lequel ils y restent.

272. Les *réservistes de l'armée active* aussi bien ceux,
qui ont servi dans l'armée active que ceux qui ont été
laissés dans leurs foyers en vertu de décisions ministérielles spéciales (N° 132, 4°), ou dispensés du service d'activité (N°⁵ 32 à 39), ou dispensés à titre provisoire (N°⁵ 52,
53), sont assujettis, pendant leurs quatre années de service dans la réserve, à prendre part, en temps de paix, à
deux manœuvres ou réunions de quatre semaines au plus
chacune. En revenant ainsi dans l'armée active, ils conservent de droit le grade ou la classe qu'ils y avaient
avant leur passage dans la réserve. (N°⁵ 10, 2° ; 134 à 137.)

L'*appel des réservistes* a été l'objet de nombreuses décisions jusqu'en 1878. Après l'expérience des premières
années, une instruction ministérielle du 15 juillet 1878 a
définitivement fixé les règles générales d'après lesquelles
s'effectuera dorénavant cet appel. Nous allons les résumer
dans leurs parties les plus essentielles.

a. En principe, deux classes de réservistes de l'armée
active doivent être appelées chaque année pendant 28
jours, conformément à l'article 43 de la loi du 27 juillet
1872 sur le recrutement.

Cet appel a lieu pour chaque réserviste, en général,
dans sa deuxième et dans sa quatrième année de réserve.

L'*époque de l'appel* est, en général, celle des grandes
manœuvres d'automne prescrites pour l'armée active par
l'article 28 de la loi du 24 juillet 1873 sur l'organisation
générale de l'armée, c'est-à-dire les mois d'août et de
septembre. Cependant, en raison de difficultés d'instruction, les réservistes de l'artillerie, du train de l'artillerie

et du train des équipages, dont les corps doivent manœuvrer à l'automne, sont appelés au printemps précédent.

Chaque année, du reste, des instructions spéciales sont affichées et publiées sur la voie publique dans toutes les communes et dans les journaux, en temps utile pour que les réservistes puissent être fixés sur l'époque de leur convocation aux manœuvres ou exercices.

Les classes de réservistes qui ont été appelées depuis la nouvelle organisation militaire sont :

En 1875, la classe de 1867 ;

En 1876, les classes de 1868 et 1869;

En 1877, la classe de 1870 ;

En 1878, les classes de 1869 et 1871.

Les classes à appeler à l'avenir sont :

En 1879, la classe de 1872 ;

. En 1880, les classes de 1871 et 1873;

En 1881, les classes de 1872 et 1874 ;

En 1882, les classes de 1873 et 1875 ;

et ainsi de suite, deux classes de réservistes étant toujours appelées chaque année à partir de 1880, et les classes de 1867, 1868 et 1870 étant les seules qui, en raison de circonstances spéciales et transitoires, n'auront été appelées qu'une seule fois au lieu de deux.

Les engagés volontaires et les hommes qui ont des réductions dans leur temps de service sont appelés avec leur classe de mobilisation. (N°s 44, 79.)

b. Jusqu'en 1877 le *mode de convocation* des réservistes a été celui des ordres d'appel individuels, comme pour les appelés lors de leurs débuts dans la vie militaire. (N° 121.) Mais en 1878 on a commencé à employer le mode d'appel par voies d'affiches et de publications sur la voie publique pour les convocations générales d'automne, comme cela doit avoir lieu en cas de mobilisation. (Nᵒˢ 168 à 170.) Le mode de convocation par ordres d'appel individuels n'est plus conservé que pour les appels partiels de l'artillerie et des trains au printemps, et pour les hommes ayant obtenu des sursis. (Nᵒ 172, *a, d.*)

A cet effet, le livret individuel de chaque réserviste porte, collée à l'intérieur de la couverture, une feuille spéciale pour les convocations générales, sur laquelle sont portées toutes les indications de lieu, de jour et d'heure nécessaires au réserviste pour qu'il puisse rejoindre au moment indiqué sa destination, corps de troupe (ou fraction de corps) ou bureau de recrutement d'où il sera dirigé sur le corps dans lequel il doit être exercé.

c. Tous les hommes de la réserve appartenant aux classes appelées doivent obéir à l'ordre de convocation à moins d'empêchement légitime dûment constaté, de dispenses ou de sursis régulièrement accordés.

Sont seuls *dispensés* des exercices ou manœuvres:

1ᵒ Les non-diponibles (Nᵒ 271);

2ᵒ Les réservistes qui, ayant fait valoir par certificat spécial adressé au commandant de recrutement de la subvidision de leur domicile, leurs titres à être considérés actuellement comme soutiens de famille, auront été dispensés de l'appel par le général commandant la subdivision, dans la proportion de 4 p. 100, d'une manière spéciale et pour la convocation de l'année courante seulement;

3ᵒ Les réservistes résidant en Algérie, aux colonies ou à l'étranger, qui auront fait les déclarations de changement de résidence prescrites par les lois et qui auront obtenu, sur leur demande, une dispense spéciale soit du gouverneur de l'Algérie ou de la colonie, soit du ministre de la guerre. Ceux qui résident à l'étranger pourront, d'ailleurs, être appelés aux convocations suivantes pendant le temps de leur service dans la réserve; quant à ceux qui résident en Algérie ou aux colonies, ils pourront être appelés à des réunions locales, s'il y a lieu, et satisfaire ainsi à la loi (N° 291);

4° Les docteurs en médecine, pharmaciens de 1re classe et vétérinaires qui, proposés pour des emplois de leur spécialité dans le cadre des officiers de réserve, n'auraient pas encore été nommés ; en outre des officiers de santé et pharmaciens de 2e classe (qui ne peuvent, d'après la loi, obtenir un grade dans le cadre des officiers de réserve) peuvent exceptionnellement être dispensés, lorsque leur maintien aura été reconnu absolument indispensable au point de vue des intérêts locaux ;

5° Les internes des hôpitaux de Paris ;

6° Les députés et les conseillers généraux, pendant la durée des sessions;

7° Les hommes ayant quitté le service depuis moins d'une année;

8° Ceux des réservistes des compagnies d'ouvriers militaires de chemins de fer du génie (N° 189), qui se trouveront, au moment de la convocation, employés sur les réseaux des voies ferrées.

Tous les dispensés reçoivent, par les soins des commandants de recrutement, un *titre de dispense,* sauf les non-disponibles, qui ont déjà leur certificat.

d. En dehors des dispenses, il peut être accordé par les commandants de corps d'armée des *sursis* d'appel, dans un délai uniforme, jusqu'au 1er mars suivant, à certains réservistes dans des cas particuliers tels que les suivants :

établissement industriel ou exploitation agricole dont le travail pourrait se trouver compromis par le départ simultané des patrons et des ouvriers ; office ministériel dont les maîtres et les clercs appartiennent aux classes convoquées ; officiers de santé et pharmaciens dont le maintien serait reconnu indispensable au point de vue des intérêts locaux, etc.

Tous les ajournés reçoivent des *titres de sursis* ; plus tard ils reçoivent, pour leur convocation au 1er mars, des ordres d'appel individuels.

Sont aussi convoqués de la même manière pour le 1er mars, les réservistes qui n'auraient pu rejoindre à l'automne pour cause de maladie, ou ceux dont la situation aurait d'abord paru douteuse.

Enfin, s'il arrivait que des réservistes ainsi convoqués au printemps fussent, par cas de force majeure, empêchés de rejoindre, ils seraient ou réformés ou convoqués à l'automne suivant, selon les cas.

e. En dehors des dispenses et sursis, il peut être accordé exceptionnellement des *devancements d'appel,* en faveur des réservistes appartenant aux classes à appeler l'année suivante, lorsque ces réservistes justifieront d'un intérêt majeur pour cause d'affaires ou de voyage.

f. Le *transport des réservistes* convoqués pour les exercices ou manœuvres s'effectue, suivant la distance à parcourir et les localités, *à pied* ou *par les voies ferrées.* Ceux qui doivent prendre le chemin de fer y sont admis à prix réduit, par la présentation de la feuille spéciale de convocation (N° 272, *b*) ; mais n'y ont droit que ceux qui partent de leur domicile légal ou de la résidence régulièrement déclarée par eux à la gendarmerie et inscrite au dos du certificat d'envoi dans la réserve, placé à la fin du livret individuel.

g. Les *frais de route* auxquels ont droit les réservistes leur sont payés dès leur arrivée au corps ; mais le réserviste qui part d'un point autre que sa résidence ou son domicile légal n'a droit qu'à l'indemnité afférente à cette résidence ou à ce domicile ; en outre le réserviste retardataire, hors le cas de force majeure, n'a droit à aucune indemnité. Les frais de route comprennent une indemnité journalière de 1 fr. 25 c., plus une indemnité de 0 fr. 017 par kilomètre parcouru en chemin de fer, lorsque la distance est de 25 kilomètres au moins. Au-dessous de 25 kilomètres, les réservistes n'ont droit qu'à l'indemnité de 1 fr. 25 c.

h. Les *réservistes qui se présentent sans livret* sont punis disciplinairement, hors le cas de force majeure. Il leur est délivré un autre livret gratuitement et par duplicata. (N° 131.)

i. Les *réservistes punis de prison* pendant leur période d'instruction sont maintenus au corps, après le départ de leur classe, pendant un nombre de jours égal à la durée totale des punitions de cette nature qu'ils auront encourues.

Les *réservistes retardataires*, mais dans les délais légaux pour ne pas être déclarés insoumis, sont toujours punis de prison, hors le cas de force majeure.

j. *En temps de guerre*, tous les réservistes sont rappelés à l'activité dans les mêmes conditions que les disponibles. (N° 270.)

k. *En Algérie*, les manœuvres que doivent faire les réservistes sont déterminées par le gouverneur général civil. (N° 98.)

273. Les *hommes de l'armée territoriale* ne sont réunis en temps de paix, pour des exercices ou revues, que sur l'ordre de l'autorité militaire. (N°ˢ 10, 3°; 138.)

Ils sont convoqués, comme les réservistes, par voie d'affiches et de publications sur la voie publique pour les convocations générales, et par ordres d'appel individuels pour les appels partiels.

Ils ont droit au transport à prix réduit sur les chemins de fer, sur la présentation de la feuille spéciale de leur livret individuel, et aux frais de route comme les réservistes.

Il peut aussi leur être accordé des dispenses, sursis et devancements d'appel.

Par suite de diverses circonstances qui ont retardé l'organisation de l'armée territoriale, les premiers exercices de cette armée n'ont eu lieu qu'au printemps de 1878. On a alors appelé pendant 13 jours les hommes appartenant aux classes de 1866 et 1867 qui avaient été régulièrement incorporés dans l'armée active. A l'avenir chaque année une ou plusieurs classes de l'armée territoriale seront appelées à des exercices. (N° 250.)

En temps de guerre, les hommes de l'armée territoriale sont mobilisés comme les disponibles et réservistes de l'armée active. Chacun d'eux se conforme aux indications portées sur l'ordre de route de son livret individuel; mais il leur est interdit, en général, de prendre les voies ferrées pour rejoindre. Ceux qui, exceptionnellement, sont autorisés à les prendre n'ont droit qu'au transport à prix réduit. (N° 178.)

Pour les non-disponibles de l'armée territoriale, voir le n° 271.

274. Les *fonctionnaires de l'ordre judiciaire* et les

commissaires de police qui font partie de l'armée territoriale ou de sa réserve, sont dispensés de rejoindre immédiatement, en cas de mobilisation par voie d'affiches et de publications sur la voie publique, bien qu'ils ne soient pas classés parmi les non-disponibles. (N° 146.)

275. Les *hommes de la réserve de l'armée territoriale* ne sont jamais réunis en temps de paix, et ils ne sont appelés à l'activité, en temps de guerre, qu'en cas d'insuffisance des ressources fournies par l'armée territoriale.

L'appel se fait alors par classe de recrutement, et en commençant par la moins ancienne. (N°ˢ 10, 4°; 18, 143 à 146.)

Pour les non-disponibles, les fonctionnaires de l'ordre judiciaire et les commissaires de police, voir les N°ˢ 271, 274.

276. *En Algérie,* les manœuvres de la réserve de l'armée active et de l'armée territoriale sont déterminées par le gouverneur général civil.

Les hommes qui ont accompli leurs 20 ans de service peuvent, jusqu'à l'âge de 50 ans, être rappelés dans l'armée territoriale, en cas d'insurrection, s'il y a insuffisance des ressources fournies par la réserve de l'armée active et par l'armée territoriale. (N° 100.)

§ 3. Obligations générales pour toutes les catégories de réservistes.

277. Les obligations militaires auxquelles sont astreints tous les réservistes des diverses catégories (N°ˢ 255, moins le 6°; 256, moins le 1°; 257, 2°), pendant le temps même de leur séjour dans leurs foyers, ont été déterminées par la loi du 18 novembre 1875. Cette loi, dite

loi de coordination, a eu pour but de fixer exactement par les obligations correspondant aux situations créées notre nouvelle organisation militaire à tous ces réservistes, qui sont maintenant rattachés à l'armée par des liens très-réels et qui ont, par conséquent, des devoirs à remplir envers elle tant qu'ils n'ont pas accompli leurs 20 ans de service. (N°s 278 à 323.)

Domicile. — 278. Nous avons déjà parlé de l'importance des questions de domicile et de résidence en matière de recrutement et de mobilisation aux N°s 21 à 23 ; 123 ; 128 à 130. Nous devons faire connaître en détail les obligations qu'entraîne, pour les réservistes de toutes catégories, tout changement de domicile ou de résidence. Ces changements sont très-fréquents et il est indispensable que l'autorité militaire en soit exactement informée, tant dans l'intérêt des réservistes eux-mêmes que dans celui de l'armée.

279. Le *réserviste qui change de domicile* est tenu d'en faire la déclaration à la mairie de la commune qu'il quitte et à la mairie de la commune dans laquelle il vient s'établir. Il lui est donné récépissé de sa déclaration au point de départ et au point d'arrivée.

280. Il doit encore faire viser aux mêmes lieux son livret individuel ou le titre, quel qu'il soit, qui lui a été délivré pour constater sa position au point de vue du service militaire, par le commandant de la gendarmerie, c'est-à-dire, dans les villes chefs-lieux d'arrondissement, par l'officier de gendarmerie commandant l'arrondissement, et dans les autres communes, par le maréchal des logis ou par le brigadier chef des brigades ou de la brigade. (N°s 123, 133, 145, 146, 315 à 318.)

Le commandant de gendarmerie du lieu de départ,

après avoir visé le livret, l'envoie au commandant du bureau de recrutement de sa subdivision de région. Si l'homme a transporté son domicile dans la même subdivision, on le laisse généralement dans le corps auquel il est déjà affecté ; mais s'il l'a transporté dans une autre subdivision, il change de corps. A cet effet, son livret est envoyé à son nouveau bureau de recrutement, qui affecte l'homme à l'un des corps de sa nouvelle subdivision, et lui renvoie son livret par l'intermédiaire de la gendarmerie, qui constate par procès-verbal la remise de ce document au militaire.

281. Le *réserviste qui veut se fixer en pays étranger* est tenu, dans sa déclaration à la mairie de la commune où il réside, de faire connaître le lieu où il va établir son domicile et, dès qu'il y est arrivé, d'en prévenir l'agent consulaire de France. Le maire de la commune transmet, dans les huit jours, copie de cette déclaration au bureau de recrutement de la subdivision militaire dans laquelle se trouve sa commune. L'agent consulaire, dans les huit jours de la déclaration, en envoie copie au ministre de la guerre.

282. L'orsqu'après s'être établi à l'étranger, le réserviste revient se fixer en France, il est tenu aux mêmes déclarations que ci-dessus.

Résidence. — 28. Le réserviste qui, sans changer de domicile, *change de résidence*, est tenu d'en faire la déclaration dans un délai de 2 mois, verbalement ou par écrit, au commandant de la gendarmerie de la localité où il va habiter. Il lui en est donné récépissé sur son livret individuel. (Nᵒˢ 315 à 318.)

Voyages. — 28. Le réserviste qui, sans changer de domicile ni de résidence, *se déplace pour voyager* pendant plus de 2 mois, doit faire sa déclaration au commandant de gendarmerie de la localité qu'il quitte. Il lui en est donné récépissé sur son livret individuel. (N°s 315 à 318.)

285. *A l'étranger*, les déclarations de changement de résidence et les déclarations de déplacement pour voyager sont faites aux agents consulaires.

286. Les diverses *déclarations* ci-dessus indiquées (N°s 278 à 285) ne sont *obligatoires* que lorsque l'absence du domicile ou de la résidence habituelle doit durer 2 mois ou plus. Pour moins de 2 mois, ces déclarations ne sont que *facultatives*, mais le réserviste qui ne les fait pas est considéré comme n'ayant pas changé de domicile ou de résidence. (N° 288.)

Délais. — **287.** En cas de convocation pour des exercices ou manœuvres en temps de paix, et en cas d'appel à l'activité, en temps de guerre, des *délais supplémentaires* pour rejoindre sont accordés en raison de la distance à parcourir aux seuls réservistes des diverses catégories qui ont fait les déclarations de changement de domicile, de changement de résidence ou de déplacement pour voyager. Les réservistes doivent alors rejoindre leur destination directement et sans recourir à l'autorité militaire.

La durée de ces délais n'a pas été fixée; l'autorité militaire et les conseils de guerre restent juges, suivant les circonstances, du temps strictement nécessaire pour rejoindre, en raison de la distance à parcourir et des difficultés, qui ne sauraient être prévues à l'avance. C'est à l'autorité militaire du lieu d'arrivée d'apprécier si le réserviste a mis toute diligence pour rejoindre aussi rapidement que possible son lieu de destination.

288. Quant aux réservistes qui n'ont pas fait les déclarations obligatoires ou facultatives, ils ne peuvent invoquer leur absence pour se justifier de n'avoir pas obéi aux ordres de l'autorité militaire.

289. Du reste, les hommes des diverses réserves, quel que soit leur grade, et qu'ils aient fait ou non les déclarations de changement de domicile ou de résidence, doivent rejoindre leurs lieux de destination dans les délais fixés par leur ordre de route; et s'ils ne répondaient pas aux appels, ils seraient considérés comme insoumis et traduits devant un conseil de guerre. (N°s 86 à 88.)

290. *A l'étranger*, les ordres d'appel sont transmis aux réservistes par les soins des agents consulaires.

Dispenses. — **291.** En temps de paix, des *dispenses pour se rendre aux manœuvres, exercices ou revues* peuvent être accordées, dans les conditions prescrites au N° 272, *c*, 3°, aux hommes fixés ou voyageant à l'étranger, ou résidant en Algérie ou aux colonies, lorsqu'ils ont fait les déclarations réglementaires. (N° 286.)

Les demandes de dispenses sont faites avant le départ ou transmises par les agents consulaires au commandant de la circonscription militaire à laquelle appartiennent les intéressés, c'est-à-dire celle de leur dernier domicile en France. Les dispenses sont accordées pour une durée déterminée; elles peuvent être renouvelées.

Pour les *dispenses*, les *sursis* et les *devancements d'appel*, voir les N°s 272, 273.

292. Pour les non-disponibles, les fonctionnaires de l'ordre judiciaire et les commissaires de police, voir les N°s 271, 274.

Représentation des certificats. — **293.** Les réservistes des diverses catégories sont tenus, sur toute réquisition, soit de l'autorité militaire, soit des autorités civiles ou judiciaires, de représenter leur livret individuel, qui contient leur certificat d'envoi dans la disponibilité ou dans la réserve de l'armée active, ou dans l'armée territoriale ou dans la réserve de l'armée territoriale. Ceux qui n'ont pas de livret doivent représenter le titre, quel qu'il soit, qui leur a été délivré, constatant leur position au point de vue militaire. (Nos 123, 133, 145, 146.)

En cas d'appel à l'activité ou de convocation pour des manœuvres, exercices ou revues, la représentation de ces pièces doit être faite dans les 24 heures.

En tout autre cas, le délai est de huit jours.

Uniforme. — 294. Les réservistes de toutes catégories, quel que soit leur grade, ne doivent revêtir leur uniforme que pour le service ou les réunions officielles.

295. Cependant, ceux qui appartiennent à des services publics régulièrement organisés en temps de paix, tels que le personnel administratif de l'armée territoriale, les corps des forestiers et des douaniers qui ont un uniforme spécial, sont autorisés à porter habituellement la tenue déterminée par les décrets d'organisation des corps dont il font partie (Nos 181, 210, 211); mais cette autorisation ne s'applique ni aux corps des sapeurs-pompiers des places fortes, ni aux canonniers sédentaires et vétérans du département du Nord. (Nos 181, 240.)

296. Chaque fois que les réservistes sont revêtus d'effets d'uniforme, ils doivent à tout supérieur hiérarchique de l'activité ou des réserves, aussi en uniforme, les marques extérieures de respect prescrites par les règlements, et ils sont considérés, sous tous les rapports, comme des militaires en congé, c'est-à-dire qu'ils deviennent justiciables des tribunaux militaires pour tous les crimes ou délits prévus par le Code de justice militaire dont ils se rendraient alors coupables. (Nos 306, 2o; 341.)

Rassemblements tumultueux. — 297. Les réservistes doivent s'éloigner de tout rassemblement tumultueux et contraire à l'ordre public. Ceux qui seraient vus ou trouvés dans un rassemblement de ce genre, même en bourgeois et sans armes, seraient passibles de punitions disciplinaires. (N° 300.)

298. Quant à ceux qui s'y trouveraient en armes ou revêtus d'un effet d'uniforme permettant de considérer celui qui le porte comme appartenant à l'armée, et qui y demeureraient contrairement aux ordres des agents de l'autorité ou de la force publique, ils seraient considérés comme étant en état de rébellion et, par suite, traduits devant un conseil de guerre. (N° 307.)

Juridictions. — 299. Les réservistes de toutes catégories, officiers et hommes de troupes qui n'accomplissent pas exactement les diverses obligations militaires qui leur sont imposées, alors qu'ils sont dans leurs foyers, se rendent passibles, suivant les cas, de punitions disciplinaires infligées par l'autorité militaire, ou de peines correctionnelles ou même criminelles prononcées soit par les tribunaux ordinaires, soit par les conseils de guerre, conformément aux dispositions de la loi du 18 novembre 1875, dite loi de coordination.

300. Sont laissées à la *répression directe de l'autorité militaire*, pour être l'objet de *punitions disciplinaires* (N°⁸ 312 à 314) prononcées uniquement par les officiers généraux ou supérieurs dans le commandement desquels les délinquants sont placés, les infractions contre le devoir militaire ci-après énumérées, lorsque, ne constituant ni crimes ni délits, elles échappent à l'action des tribunaux :

1° Les infractions contre les obligations générales imposées aux réservistes de toutes catégories, et notamment la lacération du livret individuel (N⁰ˢ 123, 277 à 298);

2° Leur retard non justifié, en cas de convocation pour des manœuvres, exercices ou revues ;

3° Les infractions qu'ils commettent contre la discipline lorsqu'ils sont revêtus d'effets d'uniforme ;

4° Tout acte de désobéissance aux ordres de l'autorité militaire donnés en exécution des lois qui les régissent. .

301. Les dispositions relatives à ces diverses infractions font l'objet d'un règlement spécial qui a été approuvé par le Président de la République le 16 mars 1878. (N⁰ˢ 312 à 314.)

En outre, une décision ministérielle du 1ᵉʳ juin 1877· a déterminé les cas dans lesquels il y a lieu de *casser de leur grade* les sous-officiers, caporaux ou brigadiers des réserves.

302. Sont *déférés aux tribunaux ordinaires* (N⁰ˢ 315 à 318) les réservistes qui, en temps de paix comme en temps de guerre, se rendent coupables de tous crimes ou délits prévus et punis par les lois pénales ordinaires, ou d'infractions aux obligations générales qui leur sont imposées, lorsque ces infractions constituent des délits ou des crimes. (N⁰ˢ 305, 308.)

303. Les cas où les réservistes de toutes catégories deviennent *justiciables des tribunaux militaires* sont assez nombreux ; ces cas se présentent lorsque, même dans leurs foyers, ils commettent une infraction grave à leurs devoirs militaires ; l'intérêt de la discipline dans les réserves exige alors qu'ils soient soumis à la même juridiction que les hommes présents sous les drapeaux. (N⁰ˢ 319 à 323.)

304. Sont *justiciables des tribunaux militaires*, en temps

de paix comme en temps de guerre, pour tous crimes ou
délits, les réservistes de toutes catégories :

1° En cas de mobilisation, à partir du jour de leur
appel à l'activité jusqu'à celui où ils sont renvoyés dans
leurs foyers ;

2° Hors le cas de mobilisation, lorsqu'ils sont convoqués pour des manœuvres, exercices ou revues, depuis
l'instant de leur réunion en détachement pour rejoindre,
ou de leur arrivée à destination, s'ils rejoignent isolément,
jusqu'au jour où ils sont renvoyés dans leurs foyers
(Nᵒˢ 318, 320) ;

3° Lorsqu'ils sont placés dans les hôpitaux militaires
ou dans les salles des hôpitaux civils affectées aux militaires, et lorsqu'ils voyagent, comme militaires, sous la
conduite de la force publique ou qu'ils se trouvent détenus dans les établissements, prisons et pénitenciers militaires. (Nᵒˢ 318, 320.)

305. Cependant les *hommes n'ayant jamais servi* ne
sont justiciables des conseils de guerre qu'à partir du
jour de leur réunion en détachement ou de leur arrivée à
destination, sauf le cas d'insoumission, ce dernier délit
étant toujours de la compétence de la juridiction militaire.
(Nᵒˢ 255 ; 306, 1°.)

306. Les réservistes sont toujours *justiciables des tribunaux militaires :*

1° Pour les faits d'insoumission (Nᵒˢ 88, 318, 320) ;

2° Pour les crimes et délits militaires, lorsque, au
moment où les faits incriminés ont été commis, les délinquants étaient revêtus d'effets d'uniforme, ou lorsque,
classés parmi les non-disponibles, ils attendent au poste
qu'ils occupent les ordres de l'autorité militaire, sauf

cependant, pour ces derniers, les exceptions déterminées par le ministre de la guerre. (N°s 271, 318, 320.)

307. Les réservistes sont encore *justiciables des tribunaux militaires,* en temps de paix comme en temps de guerre, pour les *crimes et délits militaires* ci-après énumérés, lorsqu'après avoir été appelés sous les drapeaux, ils ont été renvoyés dans leurs foyers, savoir :

Trahison ; espionnage ; embauchage ; violation de consigne ; violences envers une sentinelle (ce dernier cas n'est applicable aux hommes renvoyés dans leurs foyers depuis plus de 6 mois que s'ils étaient, au moment du fait incriminé, revêtus d'effets d'uniforme) ; *voies de fait et outrages envers un supérieur* (le fait incriminé ne peut être considéré comme ayant eu lieu à l'occasion du service que s'il est le résultat d'une vengeance contre un acte d'autorité légalement exercé ; le réserviste, même en bourgeois, qui, renvoyé dans ses foyers, voudrait se venger d'un acte d'autorité, tomberait sous le coup de la loi militaire ; en dehors du service, le Code militaire n'est applicable, par dérogation au N° 306, 2°, que dans le cas où le supérieur et l'inférieur étaient l'un et l'autre revêtus d'uniforme) ; *rébellion* (lorsque les délinquants sont en armes ou revêtus d'effets d'uniforme, ou encore complices de militaires ou d'étrangers, ou encore, si le fait a été commis à l'armée sur le territoire français ou en pays étranger) ; *abus d'autorité* (dans le cas de *voies de fait envers un inférieur,* il est nécessaire, par dérogation au N° 306, 2°, que le supérieur et l'inférieur soient l'un et l'autre revêtus d'effets d'uniforme) ; *provocation à la désertion* (le réserviste est, dans ce cas, considéré comme militaire, et, par suite, puni de peines plus fortes que l'individu non militaire qui provoque à la désertion) ; *vol militaire* (pour le vol chez l'habitant, il n'y a vol militaire que si le délinquant était logé militairement dans la maison où il a commis le vol) ; *blessures faites à un blessé pour le dépouiller ; pillage ; destruction et dévastation d'édifices ; meurtre chez l'habitant* (lorsque le délinquant était logé militairement dans la maison où il a commis le meurtre) ; *port illégal d'insignes* (c'est-à-dire soit d'effets d'uniforme militaire, soit d'insignes, décorations ou médailles sur des effets d'uniforme militaire). (N°ᵉ 318, 322, 344.)

308. Cependant les *hommes appartenant à l'armée territoriale ou à la réserve de l'armée territoriale* ne sont plus justiciables des tribunaux militaires en temps de paix, pour les crimes et délits militaires énumérés au numéro précédent, lorsqu'ils ont été renvoyés dans leurs foyers depuis plus de 6 mois, à moins que, au moment où les faits incriminés ont été commis, les délinquants ne fussent revêtus d'effets d'uniforme. En dehors des cas spécifiés ci-dessus, les hommes de l'armée territoriale et de sa réserve, dont l'âge et l'éloignement habituel des rangs de l'armée ont été pris en considération par le législateur, seront, pour tous crimes ou délits, *justiciables des tribunaux ordinaires* en temps de paix, de même que les hommes n'ayant jamais servi. (N°ᵉ 302, 305, 344.)

309. Sont encore *justiciables des tribunaux militaires*, en temps de paix comme en temps de guerre, pour tous crimes et délits commis pendant la durée de leurs fonctions, les officiers, sous-officiers, brigadiers ou caporaux appartenant à l'effectif permanent et soldé de l'armée territoriale ; la situation qui leur est faite les assimile en effet complétement aux militaires en activité de service. (N°ˢ 210, 211.)

10. Toutes les dispositions des numéros précédents, en vertu desquelles est établie la *compétence des tribunaux militaires*, s'appliquent selon les distinctions établies et sous la réserve des exceptions portées au livre II du Code de justice militaire, qui fixe les règles fondamentales de la compétence des tribunaux de l'armée.

311. D'un autre côté, par les mots *en temps de guerre*, dans tous les cas ci-dessus, il faut entendre le cas où, même en temps de guerre, des réservistes resteraient régulièrement dans leurs foyers par un motif quelconque.

Pénalités. — **312.** Les infractions laissées à la répression directe de l'autorité militaire sont l'objet de *punitions disciplinaires* déterminées par le règlement du 16 mars 1878. (N°ˢ 300, 301.)

Ces punitions ne peuvent dépasser *un mois de prison*.

313. Elles sont réduites au maximum de *15 jours :*

1° Pour les hommes ayant moins de 3 mois de présence sous les drapeaux ;

2° Pour tous ceux appartenant à l'armée territoriale ou à sa réserve, lorsqu'ils ont été laissés dans leurs foyers depuis plus de 6 mois.

314. L'autorité militaire est chargée d'assurer *l'exécution de ces punitions disciplinaires*, soit dans les prisons des corps de troupe de la garnison la plus voisine, soit dans les lieux de détention militaire, soit enfin (à défaut de place dans les bâtiments militaires) dans les prisons civiles. Mais dans aucun cas les hommes ainsi punis ne doivent être confondus avec les prévenus ou les détenus criminels ou correctionnels.

Enfin, l'autorité militaire tient note de toutes les punitions disciplinaires qu'elle inflige aux réservistes.

315. Les infractions contre les obligations générales

imposées aux réservistes, dont la répression est attribuée aux tribunaux ordinaires (N° 302), sont punies de la manière suivante, pour les hommes qui ne sont pas encore passés dans l'armée territoriale, c'est-à-dire pour ceux qui n'ont pas encore accompli 9 ans de service :

1° Les infractions aux prescriptions relatives aux changements de domicile sont punies d'une amende de 16 francs à 200 francs ; le délinquant peut en outre être condamné à un emprisonnement de 15 jours à trois mois ;

2° Les infractions aux prescriptions relatives aux changements de résidence et aux déplacements pour voyager sont punies d'une amende de 16 francs à 50 francs, et d'un emprisonnement de 6 jours à 1 mois, ou de l'une de ces peines seulement ;

3° Le retard non justifié, en cas de convocation pour des manœuvres, exercices ou revues, est puni d'un emprisonnement de 6 jours à 1 mois, si le retard a été de plus de 8 jours, sans constituer cependant le délit d'insoumission.

316. En cas de récidive ou en temps de guerre, toutes ces peines peuvent être doublées.

317. En outre, tout homme qui n'a pas rejoint au jour indiqué pour des manœuvres, exercices ou revues, peut être astreint par l'autorité militaire à passer ou à compléter, dans un corps ou dans un dépôt, le temps de service pour lequel il était appelé.

318. Pour les hommes appartenant à l'armée territoriale ou à sa réserve, les peines édictées au N° 315 sont réduites de la manière suivante :

1° Dans le 1ᵉʳ cas : amende de 16 à 50 francs ; durée de l'emprisonnement, de 6 jours à 1 mois ;

2° Dans le 2e cas : amende de 16 à 25 francs ; durée de l'emprisonnement, de 6 à 15 jours ;

3° Dans le 3e cas : durée de l'emprisonnement, de 6 à 15 jours.

Dans ces trois cas, les dispositions des Nos 316, 317 sont applicables.

319. Les infractions contre les obligations générales imposées aux réservistes dont la répression est attribuée aux *tribunaux militaires* d'après les Nos 304, 306, 309, sont punies des peines portées par le Code de justice militaire. (N° 323.)

320. Cependant des *circonstances atténuantes* pourront être admises, alors même que le Code de justice militaire ne les prévoit pas, en faveur des hommes qui, n'ayant pas 3 mois de présence sous les drapeaux, se trouveront dans l'une des positions indiquées aux Nos 304, 2° et 3° ; 306, 1° et 2°. (N° 323.)

321. Par *trois mois de présence sous les drapeaux,* on doit entendre le temps de service accompli, même à des époques successives.

322. Dans le cas du N° 307, des *circonstances atténuantes* peuvent aussi être admises, alors même que le Code de justice militaire ne les prévoit pas, en faveur des hommes ayant moins de 3 mois de présence sous les drapeaux, ou de ceux qui ont été renvoyés dans leurs foyers depuis plus de 6 mois. Ces 6 mois sont comptés à partir soit du jour de la libération du service militaire, soit de celui du renvoi dans les foyers à la suite de mobilisation, manœuvres ou exercices. (N° 323.)

323. Lorsque les tribunaux militaires ont admis des *circonstances atténuantes* dans les cas des Nos 319 à 322,

les peines sont abaissées d'après une échelle spéciale différente de celle établie par l'article 463 du Code pénal.

§ 4. Droits des réservistes.

324. Les réservistes de toutes catégories, lorsqu'ils sont dans leurs foyers, jouissent de toute la liberté et de tous les droits qui ne leur ont pas été retirés par les prescriptions ci-dessus énumérées, relatives aux obligations spéciales ou générales qui leur sont imposées (Nᵒˢ 254 à 323). Ainsi ils peuvent se marier sans autorisation de l'autorité militaire ; ils peuvent prendre part aux votes politiques et être appelés aux fonctions politiques, administratives et judiciaires, qui sont incompatibles avec celles de militaire en activité de service. (Nᵒˢ 14, 147.)

Lorsqu'ils sont sous les drapeaux, ils jouissent de tous les droits des militaires en activité. (Nᵒˢ 233, 247, 253.)

§ 5. Des officiers et assimilés des réserves.

Deux catégories. — 325. Nous avons déjà vu que les diverses réserves comprennent des officiers et assimilés aux officiers et des hommes de troupe. Les officiers appartiennent à deux catégories :

1° Les *officiers et assimilés de réserve* (Nᵒˢ 137, 194, 231 à 234) ;

2° *Les officiers et assimilés de l'armée territoriale* (Nᵒˢ 139, 235 à 248.)

Droits et obligations. — 326. Les officiers de réserve et ceux de l'armée territoriale, dans leurs foyers, jouissent des mêmes droits et sont soumis aux mêmes obligations que les hommes appartenant aux réserves de l'armée active ou à l'armée territoriale. Toutes les règles précédentes· (Nᵒˢ 254 à 324) leur sont donc applicables d'une manière générale. Cependant certaines dispositions de la loi sur l'organisation de l'armée et de la loi des cadres les concernent spécialement (Nᵒˢ 137, 139, 194, 231 à 248), et en outre le décret du 31 août 1878, a fixé leur *état* ; mais il n'a pas encore été rendu de décret spécial relativement à leur *avancement* ; les règles concernant leur *recrutement* ont été données aux Nᵒˢ 232 et 246.

Ils prennent part aux convocations générales pour les revues, exercices et manœuvres, et en outre, dans le but de développer leur instruction militaire ils peuvent être autorisés à faire un stage de 1 à 3 mois dans l'armée active.

Grade. — 327. Le *grade* des officiers et assimilés de réserve, et des officiers et assimilés de l'armée territoriale leur est conféré par décret du Chef de l'État ; il constitue *l'état de l'officier* et ne se perd que par l'une des causes ci-après : radiation, démission, condamnation, destitution et révocation. (Nᵒˢ 339 à 348.)

Situations. — 328. Les officiers des réserves ont deux situations distinctes : ils sont compris *dans les cadres*, ou placés *hors cadres*.

329. Sont compris *dans les cadres* tous les officiers faisant partie d'un corps de troupe ou pourvus d'un emploi dans l'un des divers services de l'armée active **ou** de l'armée territoriale (Nᵒˢ 102, 103), qu'ils soient appelés à un service actif, ou qu'ils restent dans leurs foyers à la disposition du Gouvernement.

330. Sont placés *hors cadres* les officiers pourvus d'un grade ou emploi, qui ne comptent ni dans un corps de

troupe ni dans un service de l'armée, et qui sont temporairement dispensés de tout service. Ce sont :

1° Ceux auxquels cette situation est conférée en raison des emplois ou fonctions qu'ils remplissent dans l'ordre civil, et dont la nomenclature doit être déterminée par un décret du Chef de l'État ;

2° Ceux qui, pour cause de santé dûment constatée, sont reconnus incapables d'exercer leurs fonctions militaires pendant six mois au moins (N° 343, 2°) ;

3° Ceux qui, par mesure disciplinaire, ont été suspendus de leurs fonctions pendant un an (N°ˢ 337, 338).

Discipline générale. — 331. Les officiers et assimilés des réserves, lorsqu'ils sont dans leurs foyers, relèvent, pour tout ce qui concerne la *discipline générale,* de l'autorité des généraux commandant les régions et subdivisions où ils sont domiciliés, et dans les places de guerre ou villes de garnison, ils sont plus particulièrement placés sous la surveillance du commandant de place ou de l'officier qui en remplit les fonctions.

332. En outre, comme il importe essentiellement que ces officiers jouissent dans leurs foyers de l'estime publique, les autorités civiles et militaires compétentes doivent *rendre compte* au général commandant la région, de toutes les condamnations encourues par les officiers des réserves, des faits graves entachant leur honneur, ainsi que des mesures disciplinaires prises contre eux au point de vue professionnel. L'autorité militaire est aussi toujours à même de réprimer, conformément aux lois et aux règlements, toutes les fautes qu'ils pourraient commettre.

Inspection générale. — 333. Les officiers de réserve et assimilés (mais non ceux de l'armée territoriale) sont soumis chaque année, à l'époque de la réunion des conseils de révision du recrutement, à une *inspection générale* au point de vue moral et physique, qui fait l'objet d'un arrêté ministériel en date du 23 mai 1878.

Punitions disciplinaires. — 334. Les officiers de réserve, de l'armée territoriale et les assimilés, dans leurs foyers, sont passibles de *punitions disciplinaires* pour toutes les infractions à leurs obligations militaires qui ne constituent ni crimes ni délits. Ces punitions sont prononcées par les généraux commandant le territoire de leur région ou subdivision ; elles ne peuvent dépasser un mois, et sont même réduites au maximum de 15 jours pour les officiers de l'armée territoriale renvoyés dans leurs foyers depuis plus de 6 mois.

335. Les *punitions* à infliger aux officiers sont, d'après le règlement du 16 mars 1878 : les arrêts simples, la réprimande avec inscription au registre du personnel, les arrêts de rigueur, la prison et la suspension. (N°s 337, 338.)

Conseils d'enquête. — 336. Les officiers de réserve ne peuvent êtres privés de leur grade, dans certains cas, que d'après l'avis conforme d'un *conseil d'enquête.* (N°s 338, 346.)

Ces conseils, analogues à ceux de l'armée active, se composent de cinq membres, dont un officier général, président, un officier général ou supérieur de l'armée active, et trois officiers ou assimilés de la réserve ou de l'armée territoriale, selon le grade de l'officier objet de l'enquête.

Suspension. — 337. Tout officier des réserves, durant la période d'activité ou en dehors de cette période, peut être *suspendu* disciplinairement de ses fonctions par décision du Chef de l'État, sur le rapport du ministre de la guerre, pendant trois mois au moins et un an au plus. (Nᵒ 330, 3ᵒ.)

Tout officier suspendu ne peut porter l'uniforme, ni prendre part à aucune réunion.

338. *En cas de mobilisation*, l'officier suspendu pour moins d'un an est réintégré dans ses fonctions ; celui qui est suspendu pour un an est, dans le même cas, envoyé devant un conseil d'enquête ; il peut être *révoqué* sur avis conforme de ce conseil, sinon il est réintégré dans un emploi de son grade. (Nᵒ 346, 9ᵒ.)

Perte du grade. — **339.** L'officier ne peut perdre son grade que pour des *causes déterminées* qui tiennent à son temps de service, à son âge, à sa volonté, à des fautes contre ses devoirs militaires ou professionnels et enfin à des condamnations. Le décret du 31 août 1878 range ces diverses causes sous les titres de radiation, démission, révocation, condamnation et destitution.

Radiation. — **340.** Les *officiers et assimilés de réserve* sont rayés des cadres de l'armée active et passent avec leur grade ou un grade supérieur dans l'armée territoriale, lorsqu'ils sont appelés par leur temps de service déjà accompli à passer dans l'armée territoriale, c'est-à-dire après les neuf premières années de service. Cependant ils peuvent être *maintenus*, sur leur demande, dans le cadre des officiers de réserve.

341. Les *officiers de réserve maintenus* et les *officiers de l'armée territoriale* sont rayés des cadres de leur armée à l'expiration des 20 années de service exigées par la loi du recrutement. Cependant les uns et les autres peuvent être *maintenus*, sur leur demande, soit dans la réserve, soit dans l'armée territoriale, jusqu'à 60 ans pour les officiers subalternes et 65 ans pour les officiers supérieurs.

342. Les officiers de tous grades *retraités de l'armée active pour ancienneté de services* et qui, conformément à la loi du 22 juin 1878, ont été placés dans la réserve ou dans l'armée territoriale avec leur grade ou un grade supérieur, sont rayés des cadres de l'armée lorsqu'ils sont restés à la disposition du ministre de-la guerre pendant cinq ans à partir de leur mise à la retraite. Cependant ils peuvent être *maintenus*, sur leur demande, soit dans la réserve, soit dans l'armée territoriale, jusqu'à 60 ans pour les officiers subalternes, et jusqu'à 65 ans pour les officiers supérieurs.

343. La *radiation* des cadres des officiers de réserve ou de l'armée territoriale peut encore être prononcée par décret du Chef de l'État sur les certificats des médecins désignés à cet effet par l'autorité militaire, et après avis du conseil de santé des armées :

1° Pour tout officier reconnu atteint d'*infirmités incurables ;*

2° Pour tout officier placé *hors cadre pour raison de santé depuis trois ans*. (N° 330, 2°.)

Démission. — 344. Les officiers des réserves (autres que ceux qui y sont entrés après leur retraite de l'armée active, et n'ayant pas encore passé les cinq années réglementaires) peuvent offrir leur *démission ;* mais cette démission n'est valable qu'après avoir été acceptée par le Chef de l'État.

Révocation. — 345. La *révocation* est prononcée par décret du Chef de l'État :

1° Contre tout officier des réserves déclaré en état de *faillite ;*

2° Contre tout officier des réserves possédant une charge

d'*officier ministériel*, qui est *destitué* par jugement ou *révoqué* par mesure disciplinaire.

346. La *révocation* peut être prononcée par décret du Chef de l'État, sur l'avis conforme d'un conseil d'enquête (N° 336) :

1° Pour *révocation d'un emploi civil* par mesure disciplinaire;

2° Pour *faute contre l'honneur*, à quelque époque qu'elle ait été commise ;

3° Pour *inconduite habituelle;*

4° Pour *fautes graves dans le service* ou *contre la discipline;*

5° Pour *condamnation* à une peine correctionnelle, lorsque la nature du délit et la gravité de la peine paraissent rendre cette mesure nécessaire ;

6° Contre tout officier qui, ayant été l'objet d'une *condamnation* pour avoir manqué aux prescriptions relatives aux *changements de domicile* ou de résidence et déplacements pour voyager, ou pour *retard non justifié*, en cas de convocation pour des manœuvres, exercices ou revues, n'a pas, au bout de trois mois, fait connaître officiellement sa résidence, ou commet une nouvelle infraction à ces dispositions ;

7° Contre tout officier qui, en dehors de la période d'activité, adresse à un de ses supérieurs militaires ou publie contre lui un *écrit injurieux,* ou commet envers lui un *acte offensant ;*

8° Contre tout officier qui *publie* ou *divulgue,* dans des conditions nuisibles aux intérêts de l'armée, des renseignements parvenus à sa connaissance en raison de sa position militaire ;

9° Contre tout officier *suspendu* de son grade par mesure disciplinaire pour un an, en cas de mobilisation. (N° 338.)

Condamnation. — 347. Les officiers des réserves perdent leur grade lorsqu'ils ont été **condamnés** par un tribunal de droit commun ou par un conseil de guerre à l'une des peines ci-après :

1° *Perte de la qualité de Français ;*

2° *Peine afflictive ou infamante ;*

3° *Peine correctionnelle* pour *vol, banqueroute, escroquerie* et *abus de confiance ;*

4° *Peine correctionnelle* d'emprisonnement avec *surveillance de la haute police* et *interdiction des droits civiques, civils et de famille.*

Destitution. — 348. Enfin les officiers des réserves perdent leur grade lorsqu'ils ont été **destitués** par jugement d'un conseil de guerre, conformément aux dispositions du Code de justice militaire.

Obligations militaires des officiers ayant perdu leur grade. — 349. Les officiers des réserves qui donnent leur démission, qui sont suspendus temporairement, révoqués ou destitués et qui appartiennent par leur âge à l'une des catégories soumises au service militaire, soit dans l'armée active, soit dans l'armée territoriale en vertu de la loi du recrutement, seront, le cas échéant, et si d'ailleurs ils ne sont pas exclus de l'armée par la condamnation encourue, astreints à remplir comme soldat dans une autre corps de troupe, les obligations imposées aux hommes de leur classe.

Officiers généraux. — 350. Les dispositions précédentes (N°ˢ 325 à 349) ne sont pas applicables aux officiers généraux et fonctionnaires militaires assimilés du cadre de réserve ; il n'est rien changé à ce qui concerne les lois et règlements qui régissent leur position et la discipline à laquelle ils sont astreints.

CHAPITRE III

OBLIGATIONS MILITAIRES DES NON-MILITAIRES
OU DES RÉQUISITIONS MILITAIRES.

§ 1er. Généralités.

351. Nous avons dit qu'en dehors des obligations militaires personnelles imposées pendant 20 ans à tous les Français valides et non indignes, toute la population est astreinte à certaines obligations matérielles relatives aux *réquisitions militaires*. (N° 251.)

Ces obligations ont été déterminées par la loi du 3 juillet 1877 et par le décret portant règlement d'administration publique du 2 août 1877.

Définition. — **352.** Les *réquisitions militaires* sont des charges communales qui consistent, moyennant indemnité en général, dans la fourniture que doivent faire les habitants de prestations en nature déterminées, dans les cas exceptionnels d'insuffisance des moyens ordinaires d'approvisionnement de l'armée, de la marine ou d'une place de guerre.

Prestations soumises au droit de réquisition. — 353. Les prestations nécessaires à l'armée ou à la marine qui sont exigibles par voie de réquisition comprennent :

1° Le *logement* chez l'habitant et le *cantonnement* pour les hommes et les chevaux, mulets et bestiaux, dans les locaux disponibles, ainsi que les bâtiments nécessaires pour le personnel et le matériel des services de toute nature qui dépendent de l'armée (N°ˢ 401 à 415) ;

2° La *nourriture* journalière des officiers et soldats logés chez l'habitant, conformément à l'usage du pays (N° 387) ;

3° Les *vivres* et le *chauffage* pour l'armée, les *fourrages* pour les chevaux, mulets et bestiaux ; la *paille de couchage* pour les troupes campées ou cantonnées (N° 338) ;

4° Les *moyens d'attelage et de transport* de toute nature, y compris le *personnel* (N°ˢ 389 à 391) ;

5° Les *bateaux* ou *embarcations* qui se trouvent sur les fleuves, rivières, lacs et canaux (N°ˢ 392, 393) ;

6° Les *moulins* et les *fours* (N° 394) ;

7° Les *matériaux, outils, machines* et *appareils* nécessaires pour la construction ou la réparation des voies de communication, et, en général, pour l'exécution de tous les *travaux militaires* (N° 395) ;

8° Les *guides*, les *messagers*, les *conducteurs*, ainsi que les *ouvriers* pour tous les *travaux* que les différents services de l'armée ont à exécuter (N°ˢ 396, 397) ;

9° Le *traitement des malades* ou *blessés* chez l'habitant (N°ˢ 398, 399) ;

10° Les objets d'*habillement*, d'*équipement*, de *campe-*

ment, de *harnachement*, d'*armement* et de *couchage*, les *médicaments* et moyens de *pansement ;*

11° Le personnel et le matériel des *chemins de fer* nécessaires au transport des troupes (N° 400) ;

12° Les *chevaux, juments, mules* et *mulets* ainsi que les voitures attelées nécessaires à l'armée lors d'une mobilisation et pendant la guerre (N°ˢ 416 à 450) ;

13° *Tous autres objets et services* dont la fourniture est nécessitée par l'intérêt militaire. (N° 386.)

Ouverture du droit de réquisition. — 354. Les réquisitions militaires ne peuvent être faites que dans les trois circonstances suivantes :

1° En cas de mobilisation totale ou partielle de l'armée, c'est-à-dire lors d'une déclaration de guerre ;

2° En cas de rassemblement de troupes, pour quelque cause que ce soit, en temps de paix ;

3° En temps de paix, pour le logement et le cantonnement des troupes seulement.

355. En cas de *mobilisation totale* de l'armée, le droit de faire des réquisitions militaires sur tout le territoire commence le premier jour de la mobilisation et ne cesse que le jour où l'armée est remise sur le pied de paix. (N° 165.)

356. En cas de *mobilisation partielle* et en cas de *rassemblement de troupes*, le droit de réquisition ne peut être exercé que sur les portions de territoire déterminées par des arrêtés du ministre de la guerre ou du ministre de la marine, et seulement pendant le temps fixé par ces arrêtés.

Exercice du droit de réquisition. — 357. Le droit de réquisition appartient à l'autorité militaire et à l'autorité maritime, dans les conditions spécifiées ci-après. (N°ˢ 358 à 370.)

358. Lors d'une *mobilisation totale*, les généraux commandant une armée ou un corps d'armée ou une division ou des troupes ayant une mission spéciale, ainsi que les vice-amiraux commandant en chef et les préfets maritimes peuvent seuls exercer de plein droit des réquisitions.

Ils peuvent *déléguer le droit de requérir* aux fonctionnaires de l'intendance ou aux officiers commandant des détachements, ainsi qu'aux officiers du commissariat de marine, et aux officiers des corps de la marine investis d'un commandement. (N° 368.)

359. Lors d'une *mobilisation partielle* ou d'un *rassemblement de troupes*, les généraux commandant les corps d'armée mobilisés ou les rassemblements de troupes peuvent seuls exercer de plein droit des réquisitions dans les conditions fixées au N° 356.

Ils peuvent *déléguer le droit de requérir* aux fonctionnaires de l'intendance ou aux officiers commandant des détachements. (N° 368.)

360. Exceptionnellement et seulement en temps de guerre, *tout commandant de troupe ou chef de détachement, tout officier de marine commandant une force navale, un bâtiment isolé ou un détachement à terre,* peut, alors même que le droit de réquisition ne lui a pas été spécialement délégué, requérir, sous sa responsabilité personnelle, les prestations nécessaires aux besoins journaliers des hommes, des chevaux ou navires placés sous ses ordres. (N° 370.)

Restrictions au droit de réquisition. — 361. Les réquisitions ne peuvent être faites que dans les cas spécialement prévus par la loi.

Ainsi les prestations énumérées aux §§ 6° à 10°, 12°, 13° du N° 353, ne peuvent être faites qu'en cas de mobilisation totale ou partielle, et encore, lorsqu'il s'agit *d'établisse-*

ments industriels, ils ne peuvent être réquisitionnés, pour la fourniture de produits autres que ceux qui résultent de leur fabrication normale, que sur un ordre du ministre de la guerre ou du ministre de la marine ou d'un commandant d'armée ou de corps d'armée.

362. Les prestations énumérées aux §§ 1° à 5° et 11° du N° 353 sont exigibles par voie de réquisition en cas de mobilisation comme en cas de rassemblement de troupes, mais avec cette restriction que les *moyens d'attelage et de transport, les bateaux ou embarcations* ne peuvent être réquisitionnés chaque fois que pour une durée maximum de 24 heures, quand il n'y a pas mobilisation totale ou partielle de l'armée. (N° 390.)

363. Les réquisitions exercées sur une commune ne doivent porter que sur les ressources qui y existent, sans pouvoir les absorber complétement. Ainsi ne sont pas considérées comme prestations disponibles ou comme fournitures susceptibles d'être réquisitionnées :

1° Les *vivres* destinés à l'alimentation d'une famille et ne dépassant pas sa consommation pendant 3 jours ;

2° Les *grains* ou autres denrées alimentaires qui se trouvent dans un établissement agricole, industriel ou autre et ne dépassent pas la consommation de 8 jours ;

3° Les *fourrages* qui se trouvent chez un cultivateur et ne dépassent pas la consommation de ses bestiaux pendant 15 jours.

Notification des réquisitions. — **364.** Les réquisitions étant des charges communales, doivent être adressées à la commune et notifiées au maire ou, à son défaut, à l'adjoint ou au conseiller municipal faisant fonctions de maire.

365. Cependant si aucun membre de la municipalité ne

se trouvait au siége de la commune, ou si une réquisition urgente venait à être nécessaire sur un point éloigné du siége de la commune, et qu'il fût impossible de la notifier régulièrement, l'autorité militaire aurait le droit d'adresser directement sa réquisition aux habitants. (N°ˢ 373, 375)

Forme des réquisitions. — 366. Les réquisitions sont toujours formulées par écrit et signées de l'autorité militaire ou maritime qui les a exercées.

Elles mentionnent l'espèce et la quantité des prestations imposées, et, autant que possible, leur durée.

367. Les *ordres de réquisition* sont détachés d'un *carnet à souche* qui est remis à cet effet entre les mains des officiers et fonctionnaires appelés à exercer des réquisitions.

368. Les généraux désignés aux N°ˢ 358 et 359 peuvent remettre aux chefs de corps ou de service des *carnets à souche d'ordres de réquisition* contenant délégation du droit de requérir, pour être délivrés par un chef de corps ou de service aux officiers sous leurs ordres qui pourraient être éventuellement appelés à exercer des réquisitions.

369. Les officiers chargés de la réception des prestations fournies doivent toujours en donner un *reçu*. Les reçus sont extraits d'un *carnet à souche* qui est fourni par l'autorité militaire, comme les carnets d'ordres de réquisition.

370. Dans les cas exceptionnels du N° 360, l'officier qui exerce une réquisition doit établir deux expéditions de sa réquisition et les signer. Il remet l'une de ces expéditions au maire (N°ˢ 364, 365), et il adresse la deuxième à l'autorité militaire ou maritime sous les ordres de laquelle il se trouve.

L'officier donne en outre un *reçu* des prestations. (N° 369.)

Répartition des réquisitions. — 371. Lorsque le maire reçoit une réquisition, il convoque, sauf le cas d'extrême urgence, deux des membres du conseil municipal appelés dans l'ordre du tableau, et deux des habitants les plus imposés de la commune, en laissant de côté ceux qui habitent loin du centre de la commune.

Quel que soit le nombre de personnes qui répondent à la convocation du maire, celui-ci procède, seul ou avec les membres présents, à la répartition des réquisitions exigées entre les habitants et les contribuables, alors même que ceux-ci n'habitent pas la commune et n'y sont pas représentés.

Cette répartition est *obligatoire* pour tous ceux qui y sont compris; les décisions du maire sont exécutoires sans appel.

372. Au lieu de procéder par voie de répartition, le maire, assisté comme il est dit ci-dessus au N° 371, peut, *au compte de la commune,* pourvoir directement à la fourniture et à la livraison des prestations requises; les dépenses qu'entraîne cette opération sont imputées sur les ressources générales du budget municipal, sans qu'il soit besoin d'autorisation spéciale.

373. Dans le cas prévu au N° 365, ou lorsque les prestations requises ne sont pas fournies dans les délais prescrits, l'*autorité militaire* fait elle-même d'office la répartition entre les habitants.

Exécution des réquisitions. — 374. Les prestations requises sont apportées par les habitants aux lieux désignés. Le maire donne un *reçu* à chacun d'eux, et tient un registre des quantités fournies ainsi que des prix réclamés.

Le maire fait procéder en sa présence ou en présence

d'un délégué à la remise aux parties prenantes des fournitures requises et il s'en fait donner un *reçu*.

375. Les habitants qui sont l'objet de *réquisitions directes* (N° 365) portent à la mairie les reçus de l'autorité militaire et les échangent contre des reçus de l'autorité municipale.

Il en est de même des *certificats* qui sont délivrés aux habitants pour constater l'accomplissement d'un service requis.

376. S'il y a lieu de requérir la prestation d'un *habitant absent* et non représenté, le maire peut, au besoin, faire ouvrir la porte de vive force et faire procéder d'office à la livraison des fournitures requises.

Dans ce cas il requiert deux témoins d'assister à l'ouverture et à la fermeture des locaux, ainsi qu'à l'enlèvement des objets ; il dresse un procès-verbal de ces opérations. (N° 410.)

Pénalités. — **377.** Dans le cas où le *maire* ou celui qui en fait les fonctions *refuserait d'exécuter une réquisition,* il serait traduit devant les tribunaux ordinaires et pourrait être condamné à une amende de 25 à 500 fr.

378. Dans le cas de *mauvais vouloir des habitants,* le recouvrement des prestations est assuré, au besoin, par la force ; en outre, les habitants qui n'obtempèrent pas aux ordres de réquisitions sont passibles d'une amende qui peut s'élever au double de la valeur de la prestation requise.

379. *Quiconque abandonne le service pour lequel il est requis personnellement* est puni par les tribunaux compétents de la manière suivante :

1° En temps de paix, d'une amende de 16 à 50 fr., par les tribunaux ordinaires ;

2° En temps de guerre, d'un emprisonnement de 6 jours à 5 ans, par les conseils de guerre.

380. *Tout militaire qui,* en matière de réquisitions, *abuse des pouvoirs* qui lui sont conférés, ou qui refuse de donner reçu des quantités fournies, est puni de la peine de l'emprisonnement de 6 jours à 5 ans.

Tout militaire qui exerce des réquisitions sans avoir qualité pour le faire est puni de la manière suivante :

1° Si ces réquisitions ont été faites sans violence, la peine est celle prononcée par le Code pénal ordinaire contre le vol ;

2° Si ces réquisitions ont eu lieu avec violence, la peine est celle prononcée par le Code de justice militaire contre le pillage commis par des militaires.

Le tout sans préjudice des restitutions auxquelles il peut être condamné.

Des indemnités. — **381.** Les diverses réquisitions militaires ne peuvent être faites que moyennant le paiement par l'État *d'indemnités* représentatives de la valeur des prestations fournies.

Cependant *il n'est pas accordé d'indemnité* dans les trois cas suivants :

1° Lorsque les troupes de passage ont été logées ou cantonnées chez l'habitant pendant 3 nuits seulement dans chaque mois ; ces 3 nuits s'appliquent indistinctement au séjour d'un seul corps ou de corps différents chez les mêmes habitants ;

2° Lorsque les troupes qui font des grandes manœuvres sont cantonnées chez l'habitant ;

3° Lorsque les troupes sont logées ou cantonnées chez l'habitant, dans les lieux de mobilisation et leurs dépendances, pendant la période de mobilisation dont un décret a fixé la durée.

382. En dehors de ces trois cas, toute réquisition donne droit à une indemnité.

Les indemnités sont fixées par l'autorité militaire, sur la proposition de *commissions départementales* composées de membres civils et de membres militaires.

A cet effet, le maire de chacune des communes où il a été exercé des réquisitions adresse, dans le plus bref délai, à la commission départementale, avec une copie de l'ordre de réquisition, un état nominatif contenant l'indication de toutes les personnes qui ont fourni des prestations, avec la mention des quantités livrées, des prix réclamés pour chacune d'elles et la date des réquisitions.

383. Les habitants qui *n'acceptent pas* l'indemnité fixée par l'autorité militaire portent leur réclamation, dans un délai de 15 jours après notification de l'indemnité allouée, devant le juge de paix ou le tribunal de 1re instance.

Le juge de paix statue en dernier ressort jusqu'à une valeur de 200 fr inclusivement, et en premier ressort jusqu'à 1,500 fr. inclusivement.

Au delà de 1,500 fr., l'affaire est portée devant le tribunal de 1re instance, qui statue comme en matière sommaire.

384. Après acceptation de l'indemnité offerte, ou après jugement, les sommes allouées aux habitants sont mandatées collectivement, au nom de la commune, par le sous-intendant militaire ou le commissaire de la marine.

Le *mandat* doit être payé comptant.

En temps de guerre, le paiement peut être fait en bon du Trésor portant intérêt à 5 p. 100 l'an, à partir du jour de la livraison.

385. Les mandats sont payés collectivement au receveur municipal qui, aussitôt après les avoir touchés, effectue le paiement à chaque intéressé, en répartissant, de concert avec le maire, les intérêts au prorata des indemnités.

Les habitants émargent l'état nominatif des allocations faites à chacun d'eux.

§ 2. Des prestations soumises au droit de réquisition.

386. Les diverses prestations exigibles par voie de réquisition énumérées au N° 353, ne peuvent être requises que dans les conditions générales ci-dessus indiquées (N°ˢ 354 à 376). Chacune d'elles est en outre soumise à des conditions spéciales. (N°ˢ 387 à 460.)

Nourriture. — **387.** La nourriture journalière des officiers et soldats logés chez l'habitant ne comporte que la nourriture ordinaire de la personne requise. Du reste, ce n'est que par exception que l'autorité militaire devra exiger cette réquisition, par exemple après une marche forcée qui amènerait la troupe tardivement dans une localité, et alors que le soldat fatigué ne pourrait avoir le temps de faire la soupe et de préparer ses aliments. Il y aurait alors urgence de recourir aux habitants logeant des militaires, et de leur demander de partager avec leurs hôtes un ordinaire souvent modeste, moyennant indemnité, bien entendu. (N°ˢ 381 à 385.)

Vivres, chauffage, fourrages. — **388.** L'officier commandant un détachement qui réquisitionne dans une commune des fournitures en vivres, denrées, chauffage ou fourrages pour la nourriture des troupes ou des chevaux sous ses ordres, doit mentionner sur la réquisition la

quantité de rations requises et la quotité de la ration ré-
glementaire.

Moyens d'attelage et de transport. — 389. Les réquisitions de chevaux, voitures ou harnais pour des transports, ainsi que le personnel nécessaire, ne peuvent avoir
lieu, en cas de rassemblement de troupes, que pour **24**
heures chaque fois. (N° 362.)

En cas de mobilisation, s'il doit y avoir un déplacement de plus de 5 jours avant le retour des chevaux et
voitures, il doit être procédé, avant la prise de possession, à une estimation contradictoire faite par l'officier
requérant et le maire.

390. Si des chevaux ou voitures requis pour accompagner un détachement ou convoi sont perdus ou endommagés, le chef du détachement ou convoi doit délivrer au
conducteur un certificat constatant le fait.

Il y joint son appréciation des causes du dommage, et,
si l'estimation préalable n'a pas eu lieu, une évaluation
de la perte subie.

391. En cas de refus de l'officier chef du détachement
ou du convoi de délivrer les pièces mentionnées au
numéro précédent, le conducteur des chevaux et voitures
endommagés devra s'adresser immédiatement au juge de
paix, ou au maire de la commune où s'est produit le
dommage, pour en faire constater les causes et la valeur.

Bateaux, embarcations. — 392. Toutes les fois qu'il
est fait une réquisition de bateaux ou embarcations, en
dehors des eaux maritimes, pour une durée de plus de
8 jours, il est procédé, avant leur prise de possession, à
une estimation faite contradictoirement par l'officier requérant et le maire de la commune.

S'il est plus tard restitué tout ou partie desdits bateaux

ou embarcations, il est dressé procès-verbal de cette restitution ainsi que des détériorations subies, et il en est fait mention sur le reçu primitivement délivré, auquel on annexe le procès-verbal.

393. Les réquisitions de navires, embarcations, matériel naval et équipages de ces bâtiments faites par l'autorité maritime sont adressées au représentant de la marine qui, en cette circonstance, a les mêmes droits et les mêmes devoirs que le maire.

Lorsqu'il n'y a pas de représentant de la marine, les réquisitions ci-dessus indiquées sont adressées directement au capitaine du navire.

Moulins. — **394.** Si la réquisition des moulins a pour objet d'en attribuer temporairement à l'autorité militaire l'usage exclusif, il est procédé, avant et après la prise de possession, à une constatation sommaire, par l'officier requérant et le maire de la commune.

Matériaux, outils, machines, etc. — **395.** Lorsque la réquisition des matériaux, outils, machines et appareils pour l'exécution de tous travaux militaires est faite pour plus de 8 jours, il est procédé comme au N° 392.

Guides, messagers, conducteurs, ouvriers. — **396.** Les chefs de détachement qui requièrent des *guides* ou *conducteurs* pour accompagner les troupes, doivent pourvoir à leur nourriture ainsi qu'à celle des chevaux, comme s'ils faisaient partie de leur détachement, pendant toute la durée de la réquisition.

397. Les *guides, messagers, conducteurs* et *ouvriers* qui sont l'objet de réquisitions reçoivent, à l'expiration de leur mission, un *certificat* qui en constate l'exécution et qui est délivré : pour les guides, par les commandants de détachement ; pour les messagers, par les destinataires ;

pour les conducteurs, par les chefs de convoi ; et pour les ouvriers, par les chefs de service compétents.

Tous les individus requis pour un service sont justiciables des conseils de guerre aux armées, pour tous les crimes ou délits qu'ils pourraient commettre.

Traitement des malades et blessés. — **398.** Lorsqu'il y a lieu de requérir le traitement des malades ou blessés, les maires fournissent des locaux spéciaux pour le traitement desdits malades ou blessés, et à défaut de locaux spéciaux, les répartissent chez les habitants ; mais s'il s'agit de maladies contagieuses, ils doivent pourvoir aux soins à donner dans des bâtiments où les malades puissent être séparés de la population, et qui, au besoin, sont requis à cet effet.

En cas d'extrême urgence, et seulement sur des points éloignés du centre de la commune, l'autorité militaire peut requérir directement des habitants le soin des malades ou blessés, mais cette réquisition, faite directement, ne peut jamais s'appliquer à des maladies contagieuses.

399. Lorsque des malades ou blessés dont le traitement a été requis ne peuvent pas être soignés par les médecins de l'armée, ils sont soignés par des *médecins civils,* dont les visites peuvent donner lieu à une indemnité spéciale.

Cette indemnité est fixée par la commission d'évaluation, sur la note du médecin, certifiée par l'habitant qui a logé le malade ou le blessé, ou, si faire se peut, par ce dernier lui-même, et visée par le maire de la commune.

Chemins de fer. — **400.** En cas de mobilisation partielle ou totale de l'armée, ou de rassemblement de troupes, les diverses compagnies de chemins de fer sont tenues de mettre à la disposition du ministre de la guerre toutes les ressources en personnel et en matériel (y compris leurs fils télégraphiques, le combustible, etc.) qu'il juge nécessaires pour assurer les transports militaires.

Des règles spéciales déterminent le mode d'exécution de ces réquisitions.

En temps de guerre, les transports commerciaux cessent de plein droit sur les lignes ferrées situées au delà de la station de transition fixée sur la base d'opérations.

§ 3. Du logement et du cantonnement.

Définitions. — **401.** Le *logement* des troupes, en station ou en marche, chez l'habitant, est l'installation, faute de casernement spécial, des hommes, des animaux et du matériel dans les parties des maisons, écuries, remises ou abris des particuliers reconnues, à la suite d'un recensement, comme pouvant être affectées à cet usage et fixées en proportion des ressources de chaque particulier; les conditions d'installation afférentes aux militaires de chaque grade, aux animaux et au matériel, étant d'ailleurs déterminées par les règlements en vigueur.

402. Le *cantonnement* des troupes, en station ou en marche, est l'installation des hommes, des animaux et du matériel dans les maisons, établissements, écuries, bâtiments ou abris de toute nature appartenant soit aux particuliers, soit aux communes ou aux départements, soit à l'État, sans qu'il soit tenu compte des conditions d'installation attribuées, en ce qui concerne le logement défini ci-dessus, aux militaires de chaque grade, aux animaux et au matériel, mais en utilisant, dans la mesure du nécessaire, la contenance des locaux, sous la réserve toutefois que les propriétaires ou détenteurs conservent toujours le logement qui leur est indispensable.

403. En cas d'insuffisance des bâtiments militaires destinés au *logement* des troupes dans les places de guerre ou villes de garnison, il y est suppléé au moyen de maisons ou d'établissements loués par les municipalités, reconnus et acceptés par l'autorité militaire, ou au moyen du logement des officiers et des hommes de troupe chez l'habitant.

Cette disposition s'applique aussi à la fourniture des *magasins* et des *écuries*.

404. Dans les villes, villages, hameaux et maisons isolées, et à défaut de bâtiments militaires, le *logement* est fourni de la même manière aux troupes détachées ou cantonnées, ainsi qu'aux troupes de passage et aux militaires isolés.

Recensement triennal. — 405. Les maires dressent tous les 3 ans un état des ressources que peut offrir leur commune pour le logement et le cantonnement des troupes.

Cet état, établi en double expédition, énumère tous les logements, établissements et écuries que les habitants peuvent fournir pour le logement ou le cantonnement des troupes dans les conditions indiquées aux N°s 403 et 404.

Les états de recensement sont envoyés aux généraux commandant les régions.

406. Le ministre de la guerre peut faire opérer la *révision des états de recensement* en tout ou en partie dans les localités et aux époques qu'il détermine.

Cette mission est confiée à des officiers qui se transportent successivement dans chaque commune.

Il est donné avis aux maires de la mission de ces officiers et de l'époque de leur arrivée dans les communes.

Répartition du logement et du cantonnement. —

407. Les municipalités doivent veiller à ce que la charge du logement ou du cantonnement soit répartie avec équité sur tous les habitants.

Les habitants ne doivent jamais être délogés de la chambre et du lit où ils ont l'habitude de coucher ; mais ils ne peuvent, sous ce prétexte, se soustraire à la charge du logement selon leurs facultés.

Dans l'établissement du logement ou du cantonnement chez l'habitant, les municipalités ne doivent faire aucune distinction de personnes, quelles que soient leurs fonctions ou qualités.

408. Cependant *sont dispensés de la charge du logement* dans les conditions suivantes :

1° Les officiers et les fonctionnaires militaires, dans leur garnison ou résidence, lorsqu'ils sont logés eux-mêmes dans un bâtiment qui leur est fourni par l'État, et lorsque logés en dehors des bâtiments militaires ils occupent un logement n'excédant pas la proportion affectée à leur grade ou emploi (ils ne sont pas dispensés lorsqu'ils sont en garnison dans le lieu de leur habitation ordinaire) ;

2° Les établissements publics ou particuliers requis préalablement par l'autorité militaire, et effectivement utilisés par elle ;

3° Les détenteurs de caisses publiques, déposées dans leur domicile ; les veuves et filles vivant seules, ainsi que les communautés religieuses de femmes. Mais les uns et les autres ne sont dispensés que de fournir le logement dans leur domicile, et ils sont tenus d'y suppléer en fournissant le logement en nature chez d'autres habitants, avec lesquels ils doivent prendre des arrangements à cet effet ; à défaut de quoi il y est pourvu à leurs frais par les soins de la municipalité.

**Exécution du logement et du cantonnement. —
409.** Lorsque des troupes doivent être logées ou cantonnées chez l'habitant, l'autorité militaire informe les
municipalités du jour de leur arrivée.

Les municipalités délivrent aux troupes, sur la présentation des ordres de route, des *billets de logement,* en
observant de réunir, autant que possible, dans le même
quartier, les hommes et les chevaux appartenant aux
mêmes unités constituées, afin d'en faciliter le rassemblement.

410. Hors le cas de mobilisation, le maire ne peut
jamais envahir le *domicile des absents ;* mais il doit loger
ailleurs et à leurs frais. (N° 376.)

411. En toutes circonstances les troupes ont droit, chez
l'habitant, au *feu* et à la *chandelle.*

Indemnité. — 412. Le logement des troupes, en cas
de passage, de rassemblement, de détachement ou de cantonnement, donne droit à une *indemnité* conformément au
N° 381, c'est-à-dire sauf les trois exceptions qui y sont
mentionnées.

413. Le *taux de l'indemnité* est fixé ainsi qu'il suit :

1° *Logement.*

Par officier, logé seul et par jour.	1ᶠ 00
Par deux officiers, logés ensemble et par jour.	1 50
Par sous-officier et par jour.	0 15
Par soldat et par jour.	0 10
Par cheval et par jour (plus le fumier). . . .	0 05

2° *Cantonnement.*

Par homme et par jour.	0ᶠ 05
Par cheval.	Le fumier.

414. Dans tous les cas où les troupes sont logées gratuitement chez l'habitant ou cantonnées, le *fumier* provenant des animaux appartient à l'habitant.

Dans tous les cas où le logement chez l'habitant et le cantonnement donnent droit à une indemnité, le *fumier* reste la propriété de l'État, mais, avec le consentement de l'habitant, son prix peut être déduit du montant de ladite indemnité.

Dégâts. — 415. Les troupes sont responsables des *dégâts* et *dommages* qu'elles occasionnent dans leurs logements ou cantonnements.

Les habitants doivent adresser leurs *réclamations* à cet égard à la municipalité, avant le départ de la troupe, ou au moins trois heures après au plus tard ; les dégâts sont constatés de la manière suivante :

1° En temps de paix, le maire dresse *procès-verbal* contradictoirement avec un officier laissé à cet effet par le commandant de la troupe ;

2° En temps de guerre, et en cas de départ inopiné des troupes, si aucun officier n'a été laissé en arrière pour recevoir les réclamations, l'habitant porte sa plainte au juge de paix ou, à défaut, au maire. Ces magistrats se transportent sur les lieux, font une enquête et dressent procès-verbal.

En temps de paix le procès-verbal est remis à l'habitant, qui adresse sa réclamation à l'autorité militaire.

En cas de mobilisation, en temps de guerre et en cas de départ inopiné, le procès-verbal sert à l'intéressé comme une réquisition ordinaire, et l'indemnité à allouer est réglée comme en matière de réquisition.

§ 4. Des chevaux, mulets et des voitures attelées.

416. L'armée ne comprend pas seulement des hommes, elle renferme aussi un grand nombre de chevaux qui lui sont indispensables pour le service des diverses armes. En temps de paix, elle se procure ces chevaux au moyen d'achats faits dans le commerce par les officiers attachés aux dépôts de remonte. Mais lors d'une mobilisation le nombre des chevaux nécessaires à l'armée s'accroît dans de très-grandes proportions, et les dépôts de remonte ne pourraient pas les fournir en temps utile. (N⁰ˢ 2, 212.)

Pour ne pas compromettre le succès de la mobilisation, il a fallu soumettre les chevaux à un véritable recrutement, comme les hommes. Une première loi, dite loi sur la conscription des chevaux, a été promulguée en 1874. Cette loi a été ensuite abrogée et remplacée par le titre VIII de la loi sur les réquisitions militaires, qui comprend toutes les dispositions relatives aux chevaux, mulets et voitures attelées nécessaires à l'armée en cas de mobilisation. Nous allons en indiquer les principales dispositions.

417. L'autorité militaire a le droit d'acquérir, par voie de réquisition, mais seulement pour compléter et entretenir l'armée au pied de guerre, des *chevaux, juments, mules et mulets,* et des *voitures attelées.*

Ces animaux et voitures sont soumis, dès le temps de paix, à des *recensements, classements* et *tirages au sort* dans les conditions ci-après indiquées :

Recensement annuel des chevaux. — 418. Tous les ans, au commencement de décembre, le maire fait publier un avertissement adressé à tous les propriétaires de chevaux ou mulets, qui se trouvent dans la commune, pour les informer qu'ils doivent se présenter à la mairie avant le 1er janvier, et faire la déclaration de tous les chevaux, juments, mulets ou mules qui sont en leur possession, en indiquant l'âge de ces animaux. Il leur est donné un certificat constatant leur déclaration. (N°s 42 et suivants.)

L'*âge* se compte à partir du 1er janvier de l'année de la naissance.

419. Du 1er au 15 janvier de chaque année, le maire dresse la *liste de recensement* des chevaux, juments, mulets et mules susceptibles d'être requis en vertu de l'âge qu'ils ont eu au 1er janvier, c'est-à-dire 6 ans et au-dessus pour les chevaux et juments, 4 ans et au-dessus pour les mulets et mules.

420. Dans les premiers jours de janvier, le maire fait exécuter des tournées par les gardes champêtres et les agents de police, pour s'assurer que tous les chevaux, juments, mulets et mules ont été exactement déclarés.

Lorsqu'il est reconnu que des animaux n'ont pas été déclarés, le maire les porte d'office sur la liste de recensement, sans rechercher s'ils ont été réformés ou refusés.

Recensement triennal des voitures attelées. — 421. Tous les 3 ans le maire établit la *liste de recensement* des voitures de chevaux et de mulets, autres que celles qui sont exclusivement affectées au transport des personnes.

Ce recensement a lieu dans les conditions et aux époques de l'année indiquées pour le recensement des chevaux et mulets.

Le ministre de la guerre avertit les préfets deux mois avant le 1er janvier de l'année où doit se faire ce recen-

sement, et les préfets avertissent les maires six semaines
au moins avant le commencement de cette même année.

422. Sont portées sur la liste de recensement toutes les
voitures non suspendues, suspendues, mixtes ou autres,
qui ne sont pas exclusivement affectées au transport des
personnes, pourvu que le propriétaire de ces voitures
puisse les atteler dans les conditions que comporte leur
forme ou leur poids, d'un cheval ou mulet, ou de deux
chevaux ou mulets classés ou susceptibles d'être classés.

423. Si un propriétaire possède plusieurs voitures et s'il
ne peut fournir qu'un seul attelage, le maire porte sur la
liste de recensement celle de ces voitures qui lui paraît le
plus propre au service de l'armée. Si le propriétaire peut
fournir plusieurs attelages, on porte sur la liste de recensement autant de voitures qu'il peut en atteler à la fois.

424. L'état de recensement des voitures attelées contient le signalement des voitures et des animaux, ainsi que
l'inscription de ces derniers sur l'état de recensement
s'ils n'ont pas encore été classés, ou leur numéro de classement s'ils figurent sur le dernier état de classement de
la commune.

Classement des chevaux et mulets. — 425. Chaque
année, le ministre de la guerre peut faire procéder, du
16 janvier au 1er mars, ou du 15 mai au 15 juin, à l'inspection et au classement des chevaux, juments, mulets et
mules, recensés ou non, ayant l'âge fixé au N° 419.

L'inspection et le *classement* ont lieu en temps de paix
dans chaque commune, à l'endroit désigné à l'avance par
l'autorité militaire, en présence du maire ou de son suppléant légal.

426. Il y est procédé par des *commissions mixtes,* désignées dans chaque région par le général commandant le

corps d'armée, et composées chacune d'un officier président et ayant voix prépondérante en cas de partage, d'un membre civil choisi dans la commune, ayant voix délibérative, et d'un vétérinaire militaire ou d'un vétérinaire civil, ou, à défaut, d'une personne compétente désignée par le maire, ayant voix consultative.

427. Les animaux reconnus propres à l'un des services de l'armée sont classés, d'après leur taille et leur conformation, dans l'une des catégories établies au budget annuel pour les achats de la remonte.

428. Sont *exemptés de la réquisition*, en cas de mobilisation, et ne sont pas portés sur la liste de classement par catégories :

1° Les chevaux appartenant au Chef de l'État ;

2° Les chevaux dont les fonctionnaires sont tenus d'être pourvus pour leur service ;

3° Les chevaux entiers approuvés ou autorisés pour la reproduction ;

4° Les juments en état de gestation constatée, ou suitées d'un poulain, ou notoirement reconnues comme consacrées à la reproduction ;

5° Les chevaux et juments n'ayant pas atteint l'âge de 6 ans, les mulets et les mules au-dessous de 4 ans ;

6° Les chevaux de l'administration des postes, ou ceux qu'elle entretient pour son service par des contrats particuliers ;

7° Les chevaux indispensables pour assurer le service des administrations publiques désignées par le décret du 23 octobre 1874, et ceux affectés au transport de matériel nécessité par l'exploitation des chemins de fer. Ces derniers peuvent, toutefois, être requis au même titre que les voies ferrées elles-mêmes. (N° 400.)

429. Les commissions de classement peuvent seules *rayer de la liste de recensement* les animaux compris dans les cas d'exemption des N⁰ˢ 428 et 432.

Elles prononcent la *réforme définitive* de tous les animaux impropres au service de l'armée, et le *refus conditionnel* de ceux qui n'atteignent pas le minimum de la taille fixée par les instructions ministérielles, ou qui ne paraissent pas momentanément susceptibles d'être requis.

Mention de ces décisions est faite sur la liste de recensement et un *certificat de réforme* est donné au propriétaire qui le demande.

430. Les commissions mixtes dressent, par commune, un *tableau de classement* des chevaux, juments, mulets et mules susceptibles d'être requis ; ce tableau est établi par catégories correspondantes à celles fixées par le ministre de la guerre.

Le *tableau de classement* est établi en double expédition ; l'une reste à la mairie de la commune et l'autre est envoyée au bureau de recrutement de la subdivision de région. (N⁰ 119.)

Dans le courant de l'année, on porte sur chacune de ces deux expéditions du tableau, toutes les mutations survenues parmi les chevaux. (N⁰ 438.)

Classement des voitures attelées. — **431.** Dans l'année du recensement des voitures attelées, le ministre peut faire procéder à leur inspection et à leur classement aux mêmes époques, dans les mêmes conditions et par les mêmes commissions mixtes que pour les chevaux. (N⁰ˢ 425 à 427.)

432. Sont *exemptées de la réquisition,* en cas de mobilisation, et ne sont pas portées sur la liste de classement par catégories, les voitures indispensables pour assurer le service des administrations publiques et celles affectées aux transports de matériel nécessités par l'exploitation des chemins de fer. Ces dernières peuvent, toutefois, être requises au même titre que les voies ferrées elles-mêmes. (N⁰ˢ 400 ; 428, 7⁰.)

433. Les voitures recensées sont présentées tout attelées aux commissions mixtes, qui arrêtent leur classement ainsi que celui des harnais.

Sont seules classées, les voitures propres à l'un des services de l'armée et attelées, suivant leur forme et leur poids, d'un ou de plusieurs chevaux, juments, mulets ou mules capables d'un bon service et portés sur le tableau de classement des chevaux et mulets de la commune.

434. A l'issue du classement, la commission procède, en séance publique, avec l'assistance du maire ou de son suppléant, à un *tirage au sort* entre les voitures classées de la commune. Ce tirage règle l'ordre d'appel des voitures en cas de mobilisation.

Il en est dressé, en double expédition, un *procès-verbal* sur lequel sont mentionnés, dans l'ordre du tirage, les voitures attelées, avec le nom des propriétaires, le signalement des chevaux et voitures, l'état des harnais et la catégorie dans laquelle les chevaux sont classés sur le tableau de classement des chevaux.

Une des expéditions reste déposée à la mairie et l'autre est envoyée au bureau de recrutement. (N⁰ 119.)

**Mode de réquisition des chevaux et voitures. —
435.** Le *contingent des animaux à fournir*, en cas de mobilisation, dans chaque région, pour compléter et entretenir sur le pied de guerre les troupes qui y sont stationnées, est fixé par le ministre de la guerre, d'après les

ressources constatées au classement pour chaque catégorie.

Ce contingent est réparti dans la région par l'autorité
militaire, de manière à égaliser les charges provenant des
réquisitions prévues pour les besoins successifs de l'armée. Toutefois, cette répartition n'est notifiée qu'en cas
de mobilisation.

L'insuffisance des ressources dans un corps d'armée
doit être compensée, sur l'ordre du ministre de la guerre,
par l'excédant d'un autre corps d'armée.

Les mêmes dispositions sont applicables aux *voitures
attelées*.

436. En cas de mobilisation, la réquisition des voitures
attelées et des chevaux et mulets classés est effectuée par
des *commissions mixtes de réquisition* nommées par les
généraux commandant les corps d'armée et par les préfets.

Ces commissions siégent dans des communes désignées
à l'avance et qui forment le centre des *circonscriptions
de réquisition* pour plusieurs cantons.

437. Dès que le maire a reçu l'ordre de mobilisation,
il prévient les propriétaires, par voie d'affiches et par tous
autres moyens nécessaires, d'avoir à conduire, aux lieux
indiqués pour la réquisition des chevaux et voitures, et
aux jours et heures fixés par l'autorité militaire :

1° Tous les animaux classés ;

2° Les animaux qui, pour un motif quelconque, ne figurent pas sur le tableau de classement, bien qu'ils aient
l'âge légal, à l'exception de ceux qui se trouvent encore
dans l'un des cas d'exemption prévus au N° **428**, de ceux
qui ont été réformés ou de ceux qui ont été refusés con-
ditionnellement pour défaut de taille, si les conditions de

taille ne se sont pas modifiées au moment de la mobilisation ;

3º Les animaux recensés ou classés dans d'autres communes et qui se trouvent dans la circonscription au moment de la mobilisation ;

4º Les voitures attelées qui, d'après leur numéro de tirage et d'après la demande de l'autorité militaire, sont susceptibles d'être requises.

Les animaux doivent avoir leur ferrure en bon état, un bridon et un licol pourvu d'une longe.

Les contraventions à ces dispositions sont punies conformément au Nº 448.

438. Les propriétaires de chevaux, mulets ou voitures qui ont à faire constater des *mutations* ou à présenter des *excuses* doivent se rendre aux lieux de rassemblement et, sauf le cas d'impossibilité absolue, y faire conduire les animaux pour lesquels ils ont des *réclamations* à faire.

439. Les *commissions de réquisition* procèdent, en présence des maires ou de leurs suppléants légaux, aux opérations de classement supplémentaire, de révision, de réception et de réquisition des chevaux, mulets et voitures attelées.

Elles *ajoutent* aux tableaux de classement, les animaux désignés aux §§ 2º et 3º du Nº 437 et reconnus propres au service de l'armée.

440. Elles *rayent* de ce tableau :

1º Les animaux morts ou disparus;

2º Ceux qui, depuis le dernier classement, se trouvent dans l'un des cas d'exemption prévus au Nº 428 ;

3º Ceux qui, après nouvel examen, sont reconnus impropres au service de l'armée.

Elles *statuent* définitivement sur toutes les *réclamations* ou *excuses*.

441. Après avoir ainsi rectifié les tableaux de classement des chevaux et voitures, les commissions de réquisition réunissent, *par canton*, les voitures attelées et les chevaux et mulets de chaque catégorie. Elles procèdent d'abord à la *réquisition des voitures attelées*, en faisant, s'il y a lieu, un *tirage au sort entre les communes* et en suivant, dans chaque commune, l'ordre du tirage au sort effectué lors du dernier classement.

Les *voitures non requises* sont immédiatement dételées et les chevaux, juments, mulets ou mules qui les attelaient sont replacés dans la catégorie d'animaux à laquelle ils appartiennent, à moins qu'ils n'aient été reconnus impropres au service de l'armée.

442. Après la réquisition des voitures, les commissions procèdent à la *réquisition des animaux* des différentes catégories, jusqu'à concurrence du chiffre du contingent cantonal fixé par l'autorité militaire.

Lorsque le nombre des animaux à requérir dans une catégorie est inférieur au nombre d'animaux classés sur tout le canton, il est procédé, en présence des maires ou de leurs suppléants, à un *tirage au sort* pour désigner ceux qui seront appelés.

443. Les commissions de réquisition dressent :

1° Pour les voitures attelées qui sont requises, un *procès-verbal* mentionnant les noms des propriétaires et leur domicile, et l'estimation des voitures et harnais d'après les prix courants du pays ;

2° Pour les animaux requis, un *procès-verbal* mentionnant les noms des propriétaires, leur domicile et le prix attribué aux animaux selon la catégorie à laquelle ils appartiennent. Ce prix est toujours celui qui est fixé par le budget de l'année pour les achats opérés par les dépôts de remonte, augmenté du quart pour les chevaux de selle et pour les chevaux d'attelage de l'artillerie. Cette augmentation n'est pas applicable aux chevaux entiers.

Mention des voitures et animaux réquisitionnés est faite sur les derniers tableaux de classement déposés dans les mairies et dans les bureaux de recrutement.

444. Les chevaux ou mulets composant les attelages des voitures requises sont portés individuellement sur le *procès-verbal de réquisition* des animaux et défalqués du contingent à fournir.

445. Les commissions de réquisition statuent ensuite sur les *substitutions d'animaux* qui lui sont proposées dans les conditions suivantes :

Le propriétaire d'un animal compris dans le contingent a le droit de présenter à la commission de réquisition et de faire inscrire à sa place un autre animal non compris dans le contingent, mais appartenant à la même catégorie et à la même classe dans la catégorie.

Mention de la substitution est faite sur les procès-verbaux et tableaux de classement.

446. Il est remis à chaque propriétaire ou à son représentant, contre livraison de l'animal requis ou de la voiture requise un *bulletin individuel* indiquant le nom du propriétaire, le numéro de classement de l'animal ou de la voiture et le prix à payer suivant la catégorie.

447. Après les opérations de réquisition, le maire dresse des *états de paiement* pour les chevaux requis et les voitures attelées requises.

L'intendant militaire dresse, dans les 10 jours, des mandats collectifs pour toutes les sommes dues à chaque commune ; ces mandats sont touchés par les receveurs municipaux, qui paient les intéressés et leur font émarger l'état de paiement contre la remise de leur bulletin individuel.

Pénalités. — **448.** Les *propriétaires* qui n'auraient pas conduit leurs animaux classés ou susceptibles de l'être, leurs voitures attelées désignées par l'autorité militaire, au lieu indiqué pour la réquisition, sans motifs légitimes admis par la commission de réquisition, seraient déférés aux tribunaux, et, en cas de condamnation, frappés d'une amende égale à la moitié du prix d'achat fixé pour la catégorie à laquelle appartiennent les animaux, ou à la moitié du prix d'acquisition des voitures ou harnais dans la région.

Néanmoins, la saisie et la réquisition pourront être exécutées immédiatement, et sans attendre le jugement, à la diligence du président de la commission de réquisition ou de l'autorité militaire.

449. Les *maires* ou les *propriétaires* de chevaux, juments, mulets ou mules, de voitures ou de harnais, qui ne se conformeraient pas aux dispositions concernant le recensement et le classement se rendraient passibles d'une amende de 25 fr. à 1,000 fr.

Ceux qui auraient fait sciemment de fausses déclarations seraient frappés d'une amende de 50 à 2,000 fr.

Reprise des animaux requis. — **450.** Lorsque l'armée sera replacée sur le pied de paix, les anciens propriétaires des animaux requis pourront les réclamer, sauf restitution du prix intégral de paiement et sous réserve de les rechercher eux-mêmes dans les rangs de l'armée, et d'aller les prendre à leurs frais au lieu de garnison des corps ou de l'officier détenteur.

§ 5. Dispositions spéciales aux grandes manœuvres.

Dispositions spéciales aux grandes manœuvres

— **451.** D'après la loi du 24 juillet 1874 (art. 28), sur l'organisation générale de l'armée, l'instruction progressive et régulière des troupes de toutes armes se termine, chaque année, par des *marches, manœuvres et opérations d'ensemble* de brigade, de division et, quand les circonstances le permettent, de corps d'armée.

L'évaluation des *dommages* causés par ces manœuvres aux propriétés privées, ainsi que le paiement des indemnités dues aux propriétaires ont été déterminés de la manière suivante, par la loi sur les réquisitions militaires et par le décret du 2 août 1877, indépendamment des dispositions concernant le logement et le cantonnement (Nos 401 à 415) :

452. L'*époque* où peuvent avoir lieu les grandes manœuvres des corps d'armée ou fractions de corps d'armée est déterminée chaque année par le Ministre de la guerre.

453. Trois semaines au moins avant l'exécution des manœuvres, les généraux commandant les régions *avertissent* les préfets des départements intéressés de l'époque et de la durée des manœuvres, et leur font connaître les localités qui pourront être occupées ou traversées.

Les préfets désignent un membre civil pour faire partie de la *commission* chargée de régler les indemnités. (N° 456.)

454. Le maire de la commune dont le territoire peut être occupé ou traversé pendant les grandes manœuvres en est informé par le préfet.

Il fait immédiatement publier et afficher dans sa commune l'époque et la durée des manœuvres.

Il *invite* les propriétaires de vignes ou de terrains ensemencés ou non récoltés à les indiquer par un signe apparent.

Il prévient les habitants que ceux qui subiraient des dommages par suite des manœuvres doivent, sous peine de déchéance, déposer leurs réclamations dans les trois jours qui suivent le passage ou le départ des troupes.

455. Quinze jours au moins avant le commencement des manœuvres, les généraux commandant les régions nomment les *commissions de règlement des indemnités.*

Ces commissions sont composées, par chaque corps d'armée opérant isolément, d'un fonctionnaire de l'intendance, président, d'un officier du génie, d'un officier de gendarmerie et du membre civil désigné par le préfet. (Nᵒˢ 453 ; 457, § 3.)

456. La commission peut reconnaître à l'avance les terrains qui doivent être occupés; elle accompagne les troupes et suit leurs opérations.

Au fur et à mesure de l'exécution des manœuvres, elle se rend successivement dans les localités qui ont été traversées ou occupées, en prévenant à l'avance les maires du moment de son passage.

Les maires préviennent les intéressés et remettent à la commission un état individuel mentionnant la date de la réclamation, la nature des dommages et la somme réclamée.

457. La commission, après avoir entendu les observations des maires et des réclamants, fixe le chiffre des indemnités à allouer et en dresse l'état.

Si les intéressés présents acceptent cette fixation, ils reçoivent immédiatement le montant de l'indemnité sur leur émargement.

A cet effet, la commission est accompagnée d'un adjoint du génie ou d'un officier comptable d'un des services administratifs, muni d'une avance de fonds.

458. Si l'allocation n'est pas acceptée séance tenante, la commission insère dans son procès-verbal les renseignements nécessaires pour apprécier la nature et l'étendue du dommage.

Un extrait du procès-verbal est, en cas de contestation, remis au juge de paix ou au tribunal chargé de statuer sur les réclamations.

459. L'*état des indemnités* qui n'ont pas été acceptées séance tenante est remis au maire de la commune qui, par une notification administrative, met immédiatement les propriétaires en demeure de les accepter ou de les refuser dans un délai de 15 jours.

Les refus, déposés par écrit et motivés, sont annexés au procès-verbal.

460. A l'expiration du délai de 15 jours, le maire consigne, sur l'état qui lui a été remis par la commission, les réponses qu'il a reçues et les transmet ensuite au fonctionnaire de l'intendance militaire, président de la commission, qui assure le *paiement des indemnités* qui n'ont pas été refusées.

TABLE

ALPHABÉTIQUE ET ANALYTIQUE

N.-B. — Les renvois se rapportent aux numéros de l'ouvrage et non aux pages.

A

Abandon d'un service réquisi-
tionné, 379.

Absent, 34, 376, 410.

Abus d'autorité, de pouvoir,
86, 307, 380.

— de confiance, 347.

Actif (Service), v. *Activité*.

Active, v. *Armée, Troupes,
Sections, Partie, Por-
tion*.

Activité de service :

— (Appel à l'), 121 à 123, v.
Appel.

— (Service de l'), 12, 13, 252,
253.

— (Temps d'), 9 à 13.

— Position des officiers généraux, 195, 196, 350.

Adjoints du génie, 203, 457.

Adjoints. Officiers adjoints de
l'armée territoriale, 244.

Administratifs. V. *Services*.

Administration de l'armée,
113 à 115.

— (Bureaux de l'), 229.

— (Corps de l'inspection de
l'), 119.

— (École d'), 213.

— (Officiers d'), 102, 206,
216, 232.

— (Troupes d'), 114.

Affaires indigènes, arabes,
102, 224.

— particulières, 272, *e*.

Affiches pour le recrutement,
21, 24.

— pour les manœuvres, 272,
a, b; 273.

— pour la mobilisation, 88,
168, 437, 454.

N

O

R

V

Valides, 12.

Vengeance, 307.

Vétérans, 240.

Vétérinaires, 102, 218, 232, 272, c, 4°.

— (Écoles), 69.

Veuf, Veuve, 34, 65, 408.

Violation de la loi, 28.

Visa. V. *Livret individuel.*

Vivres, 353, 363, 388.

Voie publique, 87, 88. V. *Publications.*

Voies de fait, 307.

Voitures (Recensement des), 119, 154, 171, 175, 421 à 424.

Voitures (Classement des), 431 à 435.

— (Réquisitions des), 435 à 450.

Vol, 307, 347.

Volontariat d'un an, 16, 67, 68, 72 à 74, 76 à 79, 81 à 83, 99, 125, 232, 244, 261.

Volontariat de droit, 69, 75.

— au concours, 70, 71.

Vote, 8, 147, 324.

Vouloir (Mauvais), 378.

Voyages, 272, e; 284 à 286, 346, 6°.

Z

Zouaves, 161, 181, 237.

Nancy, imprimerie Berger-Levrault et Cⁱᵉ.

www.ingramcontent.com/pod-product-compliance
Ingram Content Group UK Ltd.
Pitfield, Milton Keynes, MK11 3LW, UK
UKHW021212140726
13695UKWH00002B/503